Veinticinco Lecciones de CIUDADANIA

D. L. HENNESSEY

Maestro de Ciudadanía y Director de Educación para Adultos,
Berkeley, California

Departamento de Ciudadanía, Escuela Evening High School of Commerce,
San Francisco, California

Supervisor de Clases de Ciudadanía
en el Norte de California

Revisado por
LENORE HENNESSEY RICHARDSON

EDICIÓN EN ESPAÑOL

BERKELEY, CALIFORNIA

ISBN 1-879773-03-1

INDICE

REFERENCIAS ESPECIALES

LECCION I—CIUDADANIA

Una ley nueva de emigracion fue efectuada en 1990. La ley aumentará inmigración total de 540,000 en 1989 a 700,000 personas por año en cada uno de los siguientes tres años. Subsecuentemente establecerá el total anual en 675,000. La ley cambia la prohibición desde la época de los 1950s de la inmigración de comunistas y homosexuales pero sigue permitiendole al secretario de estado el poder de negar estado legal a aquellos considerados terroristas o amenazas a la política exterior.

La ley también:

■ Permitirá que mas personas inmigren sobre la base de habilidades deseables para el empleo, reservando 140,000 visas por año para inmigrantes con habilidades especiales, subiendo en comparación con 54,000 en el pasado.

■ Dará consideración especial a inversionistas, reservando 10,000 visas para aquellos con un mínimo de $500,000 para invertir en negocios que generen nuevos trabajos.

■ Eliminará la exclusión automática al estado legal de pacientes con SIDA. La legislación permite que el Departamento de Salubridad y Servicios Humanos decida si clasificar a SIDA como una enfermedad excluible o no.

■ Reservará 40,000 visas por año para individuos de Italia, Polonia, Irlanda y otros paises virtualmente negados inmigración en los últimos 20 años debido a que prioridad fue otorgada a gente con familia aqui, la mayoria de estos siendo de paises asiáticos y latinos.

■ Reservará por lo menos 16,000 de esas 40,000 visas por año para inmigrantes irlandeses, designando a Irlanda como el único pais con un número garantizado de visas.

■ Otorgará a salvadoreños un "estado protegido temporal" especial hasta julio 1992. Por varios años, salvadoreños, huyendo la violencia doméstica, inclusive los escuadrones derechistas de la muerte, han batallado contra la deportación.

■ Permitirá la naturalización de filipinos que sirvieron en la militar norteamericana o en el ejercito de las Filipinas, o en escuadrones guerrilleros en la segunda guerra mundial.

■ Facilitará deportación de ilegales probados culpables de actividades criminales, tanto como otorga autoridad general para arrestar al servicio de Inmigración y Naturalización.

Se proporcionarán visas, sin relación a cuota, a los esposos, esposas e hijos solteros de ciudadanos de Estados Unidos, o de extranjeros residentes, y a los padres de ciudadanos adultos de los Estados Unidos. No se aceptarán, sin embargo, más de 20,000 personas de un sólo país durante un sólo año.

El Servicio de Inmigración y Naturalización prepara y emite los reglamentos relativos a todas las Leyes de Inmigración y Naturalización. Cualquier persona que tenga algún problema relativo a algún punto en particular de la Ley de Naturalización o de Inmigración, debe solicitar una opinión oficial del Servicio de Inmigración y Naturalización en la oficina más cercana a su lugar de residencia. Las oficinas del Servicio de Inmigración y Naturalización se encuentran en las siguientes poblaciones:

Anchorage, Alaska, 99501, U.S. Post Office and Courthouse Building, Room 142

Atlanta, Ga., 30309, 881 Peachtree Street N.E.

Baltimore, Md., 21202, 707 North Calvert Street

Boston, Mass., 02111, 150 Tremont Street

Buffalo, N.Y., 14202, 68 Court Street

Chicago, Ill., 60607, 932 Post Office Building, 433 West Van Buren Street

Cleveland, Ohio, 44113, 600 Standard Building, 1370 Ontario Street

Denver, Colo., 80202, 437 Post Office Building

Detroit, Mich., 48207, 3770 East Jefferson Avenue

El Paso, Tex., 79984, 343 U.S. Courthouse

Frankfurt, Germany, c/o American Consulate General

Hartford, Conn., 06101, 135 High Street

Helena, Mont., 59601, Federal Building

Honolulu, Hawaii 96809, 595 Ala Moana Boulevard

Kansas City, Mo., 64106, 819 U.S. Courthouse, 811 Grand Avenue

Los Angeles, Calif., 90012, 300 North Los Angeles St.

Manila, Philippine Islands, c/o American Embassy

Mexico City, Mexico, c/o American Embassy, Mexico, D.F., Mexico

Miami, Fla., 33130, Room 1402, Federal Building, 51 Southwest First Avenue

Newark, N.J., 07102, 1060 Broad Street

New Orleans, La., 70113, New Federal Building, 701 Loyola Avenue

New York, N.Y., 10007, 20 West Broadway

Omaha, Nebr., 68102, New Federal Building, 215 North 17th Street

Philadelphia, Pa., 19102, 128 North Broad Street

Phoenix, Ariz., 85025, 230 North First Avenue

Port Isabel, Tex., 78566, Route 3, Los Fresnos, Texas

Portland, Maine, 04112, 319 U.S. Courthouse

Portland, Ore., 97205, 333 U.S. Courthouse, Broadway and Main Street

Rome, Italy, c/o American Embassy

St. Albans, Vt., 05478, 45 Kingman Street

St. Paul, Minn., 55101, 1014 New Post Office Building, 180 East Kellogg Blvd.

San Antonio, Tex., 78206, U.S. Post Office and Courthouse

San Francisco, Calif., 94111, Appraisers Building, 630 Sansome Street

San Juan, P.R., 804 Ponce de Leon Avenue, Santurce, P.R. 00908

Seattle, Wash., 98134, 815 Airport Way South

Washington, D.C., 20536, 311 Old Post Office Building, 12th and Pennsylvania Avenue NW

Muchas personas confunden las palabras "ciudadano" y "votante." Estas dos palabras no tienen el mismo significado. En este país, el votante debe ser ciudadano de los Estados Unidos, pero no todos los ciudadanos son votantes. Por ejemplo, todas las personas nacidas en los Estados Unidos y sujetas a su jurisdicción, son ciudadanos de los Estados Unidos, pero no son votantes sino hasta que alcancen la mayoría de edad legal.

La ciudadanía es uno de los privilegios más grandes que los Estados Unidos concede a los residentes nacidos en el extranjero. Este privilegio se obtiene mediante la naturalización. Los reglamentos de naturalización son uniformes en todo el país.

NATURALIZACION DE SOLICITANTES REGULARES

A. REQUISITOS:

1. *Edad* — El solicitante debe tener 18 años de edad para que su solicitud de naturalización sea válida para su registro.

2. *Entrada Legal* — El solicitante debe probar que ha sido admitido legalmente dentro de los Estados Unidos con residencia permanente. El Servicio de Naturalización verificará la entrada del solicitante basándose en la información que aparece en la solicitud.

3. *Requisitos de Residencia.*

a. Se requiere tener residencia contínua en los "Estados Unidos" (vea Pregunta 8) cuando menos durante cinco años antes de la fecha de la solicitud.

b. Residencia de cuando menos seis meses inmediamente anteriores a la solicitud dentro del estado en el cual se hace dicha solicitud.

c. Residencia contínua en los Estados Unidos desde la fecha de la solicitud hasta su admisión como ciudadano.

d. Hay diferencia entre *residencia* y *presencia física.* Una persona puede ser *residente* de un lugar aún cuando no esté *físicamente presente* todo el tiempo en dicho lugar. La nueva ley de naturalización requiere que el solicitante compruebe que ha estado *físicamente presente* en los Estados Unidos, cuando menos la mitad del período de cinco años precedentes a la presentación de su solicitud.

e. Durante el período en el que se requiere la residencia contínua, una ausencia de más de seis pero menos de doce meses, romperá la continuidad de la residencia a no ser que el solicitante pueda comprobar que no tuvo intenciones de abandonar su residencia en los Estados Unidos.

Una ausencia de 365 días durante la residencia romperá la continuidad de la residencia con el fin de obtener la naturalización. Algunas categorías de extranjeros, definidas en la Sección 316(b) pueden llenar la forma N-470 para conservar la residencia. Aunque el extranjero llene todos los requisitos técnicos, esa persona tiene que presentar la petición antes de salir de los Estados Unidos o antes de acceptar un empleo de más de 364 días al extranjero.

4. *Solvencia Moral* — El solicitante debe ser (1) de buena solvencia moral, (2) sujeto a los principios de la Constitución de los Estados Unidos, y (3) bien dispuesto hacia al buen orden y la felicidad de los Estados Unidos.

Algunas personas titubean en hacer su solicitud de ciudadanía porque en el pasado cometieron algun delito y fueron procesados por él. La ley reconoce que las personas pueden y deben ser rehabilitadas. Si la persona de que se trata es una persona de buena solvencia moral y lo ha sido durante los cinco años precedentes a la presentación de su solicitud, el haber sido procesado anteriormente, no será necesariamente un impedimento para lograr la ciudadanía.

5. *Restricciones Raciales* — La ley especifica que a ninguna persona se le negará el derecho a naturalizarse, debido a su raza. Esto significa que los extranjeros que anteriormente no eran elegibles para la ciudadania, pueden ahora obtener su naturalización (vea la pregunta 4).

6. *Requisitos de Idioma y de Educación*

a. El solicitante debe ser capaz de leer, escribir y hablar palabras de uso común en inglés. Sin embargo, este requisito queda satisfecho si puede leer y escribir palabras sencillas. Por lo general, cualquier solicitante puede adquirir suficientes conocimientos de ingles, asistiendo a las clases de ciudadanía, para pasar su examen. Un gran número de distritos escolares, imparten estas clases como parte de su programa educativo para los adultos.

b. El requisito del idioma no se exige a las personas que están físicamente incapacitadas para cumplirlo, si llenan otros de los requisitos. (Por ejemplo, a una persona ciega no se le puede exigir que lea inglés.) Cualquier extranjero que haya alcanzado la edad de 50 años habiendo sido un residente permanente legítimo de los Estados Unidos durante viente años, puede demandar una exención de los requisitos de idioma. Los viente años de estancia no tienen que ser contínuos, pero solamente los que tengan el estado de inmigrante (con tarjeta verde) serán considerados. Los que tengan la exención segun lo dicho antes, podrán examinarse en su idioma preferido. Sin embargo, todos los solicitantes deben demostrar tener conocimiento de la historia, de los principios y del gobierno de los Estados Unidos. Actualmente, en muchas zonas se están impartiendo clases en idioma extranjero para estos solicitantes de edad avanzada y al momento del examen se les proporcionan intérpretes.

B. PROCEDIMIENTO:

1. El extranjero debe llenar una forma que tiene por título *"Application to File Petition for Naturalization"* (Solicitud Para Presentar Petición Para Naturalización) (Form N-400) y enviarla por correo o llevarla personalmente a la Oficina del Servicio de Inmigración y Naturalización, más cercana. Debe incluir con la Forma, tres fotografías idénticas, de frente, de tamaño $2''$ x $2''$, con fondo claro y con no más de 30 días de antigüedad. El extranjero tiene que solicitar la naturalización en un tribunal localizado en su lugar de residencia (vea la pregunta 6).

El nombre con el cuál el solicitante firma la forma de solicitud debe ser su verdadero nombre y debe ser escrito correctamente, anotando a continuación cualquier otro nombre y otra forma de escribirlo que se haya usado en alguna ocasión. Muchas extranjeros adquieren nombres "Americanizados" antes de ser ciudadanos. Algunos nombres extranjeros son difíciles de pronunciar para los americanos. En estos casos es recomendable que se le hagan cambios. Al momento de la naturalización puede cambiarse legalmente el nombre, sin que ésto represente cargo adicional.

2. Al recibir la forma de solicitud, el Servicio de Naturalización lleva a cabo una investigación preliminar para verificar la información proporcionada con relación a la entrada a los Estados Unidos.

3. Una vez que se ha verificado la información relativa a la entrada a los Estados Unidos, el Servicio le notifica al solicitante que debe presentarse en determinada fecha. Al presentarse a la cita se interroga al solicitante.

Al solicitante se le interroga sobre todo el contenido de la forma de solicitud. Asimismo, se podrá examinarlo al mismo tiempo sobre sus conocimientos de inglés (a no ser que esté exento) y sobre sus conocimientos de la historia y de los principios del Gobierno de los Estados Unidos.

4. Al terminarse el interrogatorio preliminar, el solicitante ocurrirá en persona ante el Empleado de la Corte de Naturalización (vea la Pregunta No. 6). En este momento, el solicitante deberá firmar la solicitud y entregarla al Empleado quien le cobrará la cuota de registro de $90.00.

5. En cuanto a el examen del solicitante: debe demostrar que entiende y habla el inglés (a no ser que esté exento) y que entiende los pricipios fundamentales de la Constitución y que tiene algún conocimiento de la historia general y de los ideales de los Estados Unidos. Debe convencer al examinador de que es de buena moral y de que será un leal ciudadano de los Estados Unidos. Este procedimiento puede tener ligeras variaciones dependiendo de la Corte ante la cual se lleve a cabo.

6. Después de que los asuntos preliminares se hayan terminado, la audición final en el tribunal tendrá lugar. El tiempo de espera puede variar.

El juramento de lealtad es el siguiente:

JURAMENTO DE LEALTAD

"Yo, solemnemente declaro, bajo juramento, que absoluta y totalmente renuncio y abjuro toda lealtad y fidelidad a cualquier príncipe, potentado, estado o reino extranjero, del cual o de quien he sido hasta ahora súbdito o ciudado; que Yo apoyaré y defenderé la Constitución y las leyes de los Estados Unidos de América contra todos sus enemigos, extranjeros y domésticos; que prestaré verdadera fe y lealtad a los mismos; que tomaré las armas en defensa de los Estados Unidos cuando la ley así me lo exija; que desempeñaré servicio de no combatiente en las Fuerzas Armadas de los Estados Unidos cuando la ley así me lo exija; o que desempeñaré trabajos de importancia nacional bajo dirección civil cuando la ley así me lo exija; y que asumo esta obligación libremente sin ninguna reserva mental o propósito de evasión: QUE DIOS ME AYUDE . . ."

Considerando los muchos miles de personas que prestan el juramento de lealtad, el número de ciudadanos naturalizados indeseables es extremadamente pequeño. La actitud general y la respuesta de los ciudadanos naturalizados al llamado y a las necesidades de nuestro gobierno durante los períodos de guerra es especialmente satisfactorio. Un gran número de nuestros ciudadanos más destacados cívicamente, son nacidos en el extranjero. Un gran número de descendientes en primera generación de ciudadanos naturalizados desempeñan puestos elevados y de gran responsabilidad en la vida pública de los Estados Unidos. Entre los ciudadanos prominentes nacidos en el extranjero durante los últimos años, podemos mencionar a Alexander Graham Bell, Samuel Gompers, James J. Hill, Jacob Riis, John Muir, Edward Bok, S. S. MacClure, James Davis y Albert Einstein.

INMIGRACION Y NATURALIZACION
DE CLASES ESPECIALES DE SOLICITANTES

Hay diversos grupos de solicitantes de Inmigración (para obtener entrada a los Estados Unidos) y de Naturalización (para convertirse en ciudadanos) a los cuales se les aplican leyes especiales. Las reglas varían según los casos en particular y el Servicio de Inmigración y Naturalización suministra la información detallada sobre cada una de estas clases. Algunas de estas clases especiales de solicitantes son las siguientes:

1. Esposos, esposas e hijos solteros de ciudadanos de los Estados Unidos o de extranjeros residentes y padres de ciudadanos adultos de los Estados Unidos.

2. Ex-Ciudadanos de los Estados Unidos que pretenden obtener nuevamente su ciudadanía.

3. Extranjeros que están prestando servicio o que hayan servido en las Fuerzas Armadas de los Estados Unidos.

4. Refugiados.

5. Extranjeros que llegaron a los Estados Unidos antes de 1906.

6. Extranjeros que han prestado servicios como tripulantes en navíos de los Estados Unidos.

INFORMACION DE INTERES GENERAL

1. *Declaración de Propósito.*

Ya no es necesario prestar la Declaración de Propósito. Sin embargo, algunos patrones se niegan a contratar a extranjeros a no ser que declaren su intención de convertirse en ciudadanos de los Estados Unidos. De acuerdo con la ley, cualquier extranjero mayor de 18 años que ha sido admitido legalmente como residente permanente de este país, puede presentar una solicitud en la Forma N-300 para su declaración de propósito de convertirse en ciudadano. Después de que esta solicitud es aprobada por el Servicio de Naturalización, se le notificará al solicitante para que se presente ante el oficial de la Corte de Naturalización para firmar la Forma N-315 que es la Declaración de Propósito. La cuota es de $15.00. Esta declaración puede presentarse en cualquier tiempo después de la admisión legal a este país como residente permanente.

2. *Extranjeros que no pueden comprobar su entrada legal.*

La ley tiene reglas especiales para los extranjeros que entraron a los Estados Unidos antes del 1° de julio de 1924 pero que no pueden comprobar su entrada legal. En algunos casos se trata de personas que entraron ilegalmente al país, tales como los desertores de barcos extranjeros. En otros casos se trata de personas que pudieron haber entrado legalmente, pero cuyos registros de entrada se han extraviado. Los solicitantes comprendidos dentro de estos grupos deben comprobar que han residido continuamente en los Estados Unidos desde el 1° de julio de 1924 y que son de buena solvencia moral. Si pueden satisfacer estos requisitos y no están sujetos a deportación ni considerados inelegibles por otras causas, como ciudadanos, puede establecerse un registro de admisión legal para residencia permanente. Posteriormente, estas personas deberán seguir los pasos usuales para obtener la naturalización.

PREGUNTAS Y RESPUESTAS

1. P. ¿Cuánto tiempo debe un extranjero haber residido en los Estados Unidos antes de presentar su solicitud de naturalización?

   R. Si no está comprendido dentro de una de las "clases especiales," un extranjero debe comprobar una residencia de cinco años en los Estados Unidos y de seis meses en el estado en el cual hace la solicitud. Ambos períodos de residencia deben ser inmediatamente anteriores a la fecha de la presentación de la solicitud. La nueva ley le exige además, que compruebe que ha estado físicamente presente en los Estados Unidos cuando menos durante la mitad del período de cinco años (treinta meses).

2. P. ¿Cuáles son los otros requisitos necesarios para obtener la naturalización?

R. El solicitante común debe tener cuando menos 18 años de edad; debe comprobar que ha sido admitido legalmente en los Estados Unidos como residente; debe tener buena solvencia moral y declarar que se adhiere a los principios de la Constitución de los Estados Unidos y a su forma de gobierno; debe ser capaz, a no ser que esté exento, de leer, escribir y hablar palabras de uso común en el idioma inglés; debe ser aprobado en un examen sobre la historia, principios, ideales y forma de gobierno de los Estados Unidos.

3. P. ¿Cuál es el status de ciudadanía de las personas de orígen chino, japonés, filipino o de otra ascendencia oriental que han nacido en los Estados Unidos?

R. Son ciudadanos de los Estados Unidos por nacimiento. La Constitución de los Estados Unidos les garantiza a todos los derechos de ciudadanía.

4. P. ¿Es algún extranjero no elegible como ciudadano debido a su raza?

R. No. Durante muchos años se negó la ciudadanía de los Estados Unidos a determinadas personas, en especial a los de ascendencia oriental. En diciembre de 1943, los chinos debidamente calificados, fueron elegibles y desde entonces un número considerable se ha naturalizado. En julio de 1946 se levantó la proscripción existente contra los filipinos. La ley de 1952 suprimió todos las barreras raciales para la naturalización.

5. P. ¿Si los padres no son ciudadanos, sus hijos nacidos en los Estados Unidos serán ciudadanos?

R. Si. La Constitución de los Estados Unidos estatuye que "Todas las personas nacidas o naturalizadas en los Estados Unidos y sujetas a su jurisdiccion, con ciudadanos de los Estados Unidos y del estado en el cuál residen."

6. P. ¿Que cortes son "Cortes de Naturalización"?

R. Las mencionadas a continuación son "Cortes de Naturalización":

1. Las Cortes de Distrito de los Estados Unidos existentes actualmente y las que se establezcan en cualquier estado, en el Distrito de Columbia, en Puerto Rico, en Guam y en las Islas Virgenes.

2. Además de las mencionadas anteriormente, algunas cortes estatales están autorizadas para efectuar trámites de naturalización. En California, por ejemplo, las Cortes Superiores de cada condado

pueden tramitar casos de naturalización. En otros estados, pueden ser la Corte del Condado, la Corte de Distrito del Estado o algún otro tribunal nombrado para el caso. Debe hacerse notar, sin embargo, que muchas de las cortes estatales no ejercen su derecho a tramitar asuntos de naturalización. En California, por ejemplo, son turnados en todos los casos a la Corte de Distrito Federal más cercana a su lugar de residencia.

7. P. ¿Cuáles son algunas de las ventajas de ser ciudadano?

R. El ciudadano puede votar; puede desempeñar un cargo público; tiene el derecho de petición; puede tomar Examenes del Servicio Civil; puede formar parte de jurados; puede por lo general alcanzar una mejor posición; puede desempeñar trabajos en los que se excluye a los extranjeros; puede participar de muchos privilegios y derechos que se conceden únicamente a los ciudadanos; se le garantiza la protección de este gobierno tanto en el país como en el extranjero; si desea visitar cualquier otro país, puede obtener un pasaporte que le da derecho a obtener todos los derechos de un ciudadano de los Estados Unidos.

8. P. El requisito de residencia de la ley de naturalización exige una residencia contínua de cinco años Estados Unidos. ¿Significa ésto que el solicitante debe haber residido en alguno de los 50 estados de la Unión?

R. No. "Estados Unidos" en esta ley se refiere no solo a los 50 estados de la Unión sino además a Guam, Puerto Rico y las Islas Vírgenes.

9. P. ¿Qué diferencia hay entre "residencia" y "presencia Física"?

R. "Residencia" para la ley de naturalización significa "residencia legal". Es el lugar al cual la persona, aun cuando ausente temporalmente, tiene la intención de regresar; el lugar en donde la persona vota. La ley acepta que algunas personas puedan ausentarse de su residencia por períodos largos de tiempo. Por ejemplo, los soldados americanos en servicio en ultramar conservan, sin embargo, su "residencia" en los Estados Unidos. Asimismo, muchos americanos son enviados por sus compañías a diversos países extranjeros pero retienen su "residencia" en los Estados Unidos.

"Presencia física" significa la presencia de hecho en un determinado lugar. Así pues, para satisfacer el requisito de "presencia física" de la ley, el solicitante deberá comprobar que estuvo de hecho corporalmente en los Estados Unidos durante el período de tiempo exigido.

10. **P.** ¿Cuando puede una persona votar después de haberse naturalizado?

R. Una persona se convierte en ciudadano de los Estados Unidos inmediatamente después de haber prestado el juramento de lealtad. Cada estado, sin embargo, establece sus propios reglamentos para votar. Si el nuevo ciudadano llena los requisitos para votar, puede registrarse de inmediato y votar en la elección más próxima.

La Ley de Naturalización establece, sin embargo, que si la audiencia de una petición se efectúa menos de sesenta días antes de las elecciones generales, el solicitante, aun cuando califique como ciudadano, no podrá prestar el juramento hasta después de que hayan transcurrido diez días después de las elecciones. En este caso especial el nuevo ciudadano no podrá votar sino hasta la siguiente elección.

11. **P.** ¿Qué sucede si el solicitante no aprueba su examen?

R. Generalmente se le dá más tiempo para prepararse y estudiar y se le concede un nuevo examen postèriormente.

12. **P.** ¿Hay muchos residentes en los Estados Unidos que no son ciudadanos?

R. El registro obligatorio de las huellas digitales de los extranjeros efectuado en 1940 arrojó un total de 4,741,622 no ciudadanos registrados. En esta cifra estaban incluídos extranjeros no elegibles para la ciudadanía, menores nacidos en el extranjero y extranjeros en los Estados Unidos con permisos de residencia temporal.

Se enviaron oficiales de Naturalización a las zonas de guerra en el exterior para examinar y admitir candidatos que estaban prestando servicio en las Fuerzas Armadas. Muchos otros, incluyendo filipinos, fueron naturalizados en los centros militares dentro de los Estados Unidos. Un total de 105,000 extranjeros enlistados, se hicieron ciudadanos durante la guerra.

13. **P.** ¿Cómo puede un menor adoptado, que no es ciudadano, convertirse en ciudadano de los Estados Unidos?

R. El niño debe ser menor de 18 años cuando se presente la solicitud a su favor; debe haber sido admitido legalmente como residente permanente; debe haber sido adoptado por Ciudadanos de los Estados Unidos antes de cumplir los dieciseis años (de acuerdo con la ley, la adopción puede hacerse dentro o fuera de U.S.A. de los padres adoptivos y haber tenido residencia continua en los Estados Unidos, cuando menos durante dos años anteriores a la fecha de la presentación de la solicitud. Se requiere tambien la presencia física durante la mitad de este tiempo.

14. P. ¿Por qué debe todo residente de los Estados Unidos entender la historia y el gobierno de nuestro país?

R. El ciudadano bien informado, generalmente es más felíz, está mejor adaptado, es más próspero y es mucho mas valioso para su comunidad, estado y nación.

CANCIONES PATRIOTICAS

STAR-SPANGLED BANNER

Oh, say! Can you see, by the dawn's early light,
What so proudly we hailed, at the twilight's last gleaming?
Whose broad stripes and bright stars, through the perilous fight,
O'er the ramparts we watched were so gallantly streaming.
And the rockets' red glare, the bombs bursting in air,
Gave proof through the night, that our flag was still there.

Chorus:

Oh, say does the Star-Spangled Banner yet wave
O'er the land of the free and the home of the brave?

AMERICA

My country, 'tis of thee.
Sweet land of liberty,
 Of thee I sing;
Land where my fathers died!
Land of the Pilgrim's pride!
From every mountain-side
 Let freedom ring.

Our fathers' God, to Thee,
Author of liberty,
 To Thee we sing;
Long may our land be bright
With freedom's holy light;
Protect us by Thy might,
 Great God, our King.

LECCION II – NUESTRO PAIS

La América del Norte tiene cuatro divisiones de importacia. Canadá está en la parte norte, los Estados Unidos están en la parte central y México está en la parte sur. Entre México y América del Sur, está Centro América.

Los Estados Unidos se extienden desde el Océano Atlántico en el este, hasta el Océano Pacífico en el oeste. Entre la costa oriental y la occidental hay una distancia de 2500 millas. Desde los Grandes Lagos en el norte, hasta el Golfo de México en el Sur hay 1300 millas de distancia.

En los Estados Unidos hay dos grandes sistemas montañosos, los Apalaches (Appalachian) en el este, y las montañas Rocallosas (Rocky) en el oeste. Entre estos dos sistemas se encuentra el inmenso Valle del Mississippi, a través del cual fluye el río Mississippi, uno de los mayores del mundo.

En la parte superior del Valle del Mississippi están los Grandes Lagos: Superior, Michigan, Hurón, Erie y Ontario. Son los mayores lagos de agua dulce en el mundo. Desaguan en el Océano Atlántico a través del río San Lorenzo.

La naturaleza dotó a nuestro país con innumerables sitios de gran belleza e interés. Entre las maravillas naturales más conocidas se cuentan: las Cataratas del Niágara, entre los lagos Erie y Ontario; las Cuevas Mammoth, en Kentucky; el Parque Nacional Glacier, en Montana; el Parque Yellowstone, en Wyoming; el Gran Cañón del Colorado, en Arizona; el Valle Yosemite, en California y el Parque Nacional Rainier, en Washington.

Los Estados Unidos tienen una gran variedad de climas. Los estados de la costa del Pacífico tienen un clima templado, con muchas lluvias en el invierno; los estados del sur, tienen veranos cálidos e inviernos templados; los estados del Atlántico Norte y la mayor parte de los estados del Valle del Mississippi tienen veranos cálidos e inviernos fríos.

En los Estados Unidos se producen frutas, cereales y legumbres en abundancia. En muchas partes del país existen grandes bosques de los que se obtienen maderas valiosas. En algunas regiones se encuentran ricas minas de hierro, carbón, plomo, cobre, oro y plata. En las granjas y en los ranchos, se crían innumerables animales domésticos: ganado bovino, cerdos, caballos, etc. En muchos sitios todavía se encuentran animales salvajes de pieles valiosas. En las ciudades hay fábricas, tiendas, astilleros y molinos que proporcionan empleo a millones de hombres y de mujeres.

Los Estados Unidos tienen un magnífico sistema de transporte. Las líneas férreas y de aviación cruzan el país en todos sentidos y los barcos de pasaje y de carga abundan en las aguas navegables.

En los Estados Unidos tenemos una excelente forma de gobierno. No existen clases privilegiadas por su nacimiento, como las hay aún en algunos países. Todos los ciudadanos de este país tienen los mismos derechos legales. El pueblo en sí, es quien gobierna. En muchos países europeos, el pueblo perdió este poder durante la Segunda Guerra Mundial.

Es deber de todos los residentes de los Estados Unidos aprender los principales hechos relacionados con la historia y al gobierno de nuestro país. Quien entiende al gobierno bajo el que vive, puede votar mas inteligentemente y es de más valor para nuestro país.

Si un residente elegible de los Estados Unidos, nacido en el extranjero tiene intención de residir permanentemente en los Estados Unidos, deberá adoptar la ciudadanía Americana por muchas razones. Quien tiene su casa y gana su sustento en los Estados Unidos, puede ser de mas valor para el país si se hace ciudadano. Puede votar por las personas adecuadas para ocupar los puestos públicos y para hacer las leyes; puede firmar peticiones; puede formar parte de jurados; puede desempeñar puestos públicos y puede ser útil de muchas otras maneras. Si tiene hijos, es su deber el hacerse ciudadano.

Los Estados Unidos garantizan la protección de nuestro gobierno a todos los ciudadanos americanos que sean tratados injustamente en cualquier país extranjero.

Por lo tanto, cada residente calificado de los Estados Unidos, nacido en el extranjero, se debe a sí mismo, a su familia y al país de su adopción, el naturalizarse lo más pronto posible.

Todo americano por nacimiento debe estar familiarizado con lo esencial de nuestro gobierno, para que pueda ser un ciudadano y votante inteligente.

PREGUNTAS

1. P. ¿Cuáles son las divisiones importantes de América del Norte?

   R. Las divisiones importantes de América del Norte son Canadá, Los Estados Unidos, México y Centro América.

2. P. ¿Qué extensión tienen los Estados Unidos?

   R. Los Estados Unidos miden dos mil quinientas millas de la costa del Atlántico a la costa del Pacífico, y mil trescientas millas de la frontera norte a la frontera sur.

3. P. ¿Cuál es el río más grande de los Estados Unidos?

   R. El río Mississippi.

4. P. ¿Cuáles son los dos sistemas montañosos principales?

   R. Los dos grandes sistemas montañosos son los Montes Rocallosos y los Apalaches.

5. P. Nombre los Grandes Lagos.

   R. Los Grandes Lagos son los lagos Superior, Michigan, Hurón, Erie y Ontario.

6. P. ¿Cuáles son algunas de las maravillas naturales de nuestro país?

R. Entre las más notables se encuentran la Cueva Mammoth, las Cataratas del Niágara, el Parque Glacier, el Parque Yellowstone, el Gran Cañón, el Valle Yosemite y el Parque Nacional Rainer.

7. P. ¿Cuáles son algunas de las ventajas importantes de los Estados Unidos?

R. Los Estados Unidos tienen una gran variedad de productos vegetales y minerales, excelentes sistemas de transportación, clima agradable y uno de los gobiernos mejor organizados que existen.

LECCION III – DATOS HISTORICOS

La población de los Estados Unidos según el censo de 1980 se estimó en 226,504,825 habitantes, incluyendo a los miembros de las Fuerzas Armadas en ultramar.

Hace unos pocos cientos de años no había hombres blancos en este país. Los únicos habitantes de lo que es Estados Unidos eran gentes de color cobrizo que habían emigrado originalmente de Asia y que fueron llamados Indios por los primeros europeos que arribaron a estas tierras. Por lo general estos Indios vivían en grupos pequeños. Vivían de la cacería, de la pesca y de la cosecha de plantas nativas. En algunas partes del país, estos Indios eran revoltosos y recorrían el país atacando a otras tribus y a los invasores blancos. En otras partes, las tribus eran pacíficas, tenían hogares fijos y contaban ya con métodos agrícolas primitivos. Vivían de lo que la tierra producía pero sin agotar sus recursos.

No se sabe con certeza cuándo fué la llegada de los primeros hombres blancos a América. Hay razón para creer que fueron los hombres Nórdicos, de la Europa del Norte, quienes desembarcaron en la costa Atlántica Norte alrededor del año 1000. Si esto fué cierto, su expedición fué de muy poco valor, pues no dejaron ningun poblado permanente. Si alguno de los hombres Nórdicos permaneció en el país, seguramente murió por las penalidades o a manos de los Indios.

El verdadero descubrimiento de América en 1492, se le atribuye a Cristóbal Colón. Colón creía que la tierra era redonda y los Reyes de España, lo enviaron con tres pequeñas naves (carabelas) para tratar de encontrar una vía corta hacia la India, navegando hacia el oeste. Descubrió San Salvador, una pequeña isla en el Atlántico, cercana a la costa sur-oriental de los Estados Unidos. Tomó posesión de esta isla en nombre de España. Colón hizo tres viajes más a América.

Muchas otras expediciones se organizaron para navegar hacia el Nuevo Mundo. Entre los exploradores más notables estaba un italiano llamado Amérigo Vespucci, quien hizo varios viajes. Teniendo un gran interés en la geografía, hizo diversos mapas y escribió muchas cartas describiendo sus exploraciones. El resultado fué que su nombre quedó ligado prominentemente con el Nuevo Mundo. Algunos años después de la muerte de Colón y de Vespucci, se publicó un libro en el que se hacía referencia al Nuevo Mundo como "América"; muy pronto este nombre fué de uso común.

Los principales países que enviaron colonos a América, fueron España, Francia, Inglaterra y Holanda. Suecia tambien envió algunos exploradores que se establecieron cerca de la Bahía de Delaware.

El primer establecimiento permanente en lo que hoy son Los Estados Unidos, fué hecho por los españoles en San Agustín, Florida, en 1565. El segundo establecimiento permanente fué hecho tambien por los españoles en

Santa Fé, Nuevo México, en 1605. Muchos de los exploradores penetraron en México, Centro América y Sur América y ahí se establecieron. El idioma español es aún el idioma principal en esos países.

El primer establecimiento permanente hecho por los ingleses, fué el de Jamestown, Virginia, en 1607. Al principio los colonos sufrieron muchas penalidades. Cuando al fin, decidieron abandonar la búsqueda de oro y plata y se dedicaron a cultivar la tierra, alcanzaron alguna prosperidad. Los granjeros de Virginia tuvieron dificultad para conseguir trabajadores para sus plantaciones. En 1619, traficantes holandeses de esclavos, trajeron un cargamento de negros del Africa y se los vendieron a los granjeros. Esto fué el principio de la esclavitud, la gran mancha en nuestra historia por más de doscientos años.

En 1620, un grupo de ingleses, conocidos como Los Peregrinos, zarparon hacia America en busca de un lugar donde pudieran adorar a Dios en la forma que querían. Después de un viaje borrascoso, desembarcaron en Plymouth Rock, Massachusetts, donde se establecieron, dando así principio a los Estados de Nueva Inglaterra.

Después de Los Peregrinos, llegaron otros muchos colonos ingleses. Vinieron por diversas razones, siendo la principal su deseo de libertad religiosa. Des pués de veinte años, solamente en Massachusetts, había ya mas de veinte mil gentes blancas.

En 1609, los Holandeses se establecieron en Nueva Amsterdam, dando así principio a la próspera colonia de los Nuevos Países Bajos. Después de algunos años, los ingleses tomaron posesión de esta colonia y le cambiaron el nombre por el de Nueva York.

Cazadores de pieles y misioneros franceses habían comenzado antes la exploración del Canadá. Sus primeros establecimientos los fundaron a lo largo del río San Lorenzo. También se establecieron en el Valle del Mississippi cerca de los Grandes Lagos. A los franceses hay que acreditarles el éxito que obtuvieron en sus esfuerzos por llevar el Cristianismo a los Indios. Entre los más notables exploradores franceses debemos mencionar a Champlain, Marquette, Joliet y La Salle.

Los primeros colonos sufrieron muchas penalidades mientras edificaban sus hogares en el Nuevo Mundo. Tenían que cortar los árboles y preparar la tierra para sus siembras. Las provisiones de todas clases tenían que ser traídas de Europa y eran difíciles de obtener. Con frecuencia tenían que combatir contra los Indios, los cuales objetaban el establecimiento de los blancos en sus tierras.

Los colonos tuvieron la suerte de contar con muchos dirigentes valientes y capaces que los animaron a perseverar y que los dirigieron acertadamente. Entre los más notables estaban Miles Standish de Plymouth, John Smith de Virginia, Roger Williams de Rhode Island, William Penn de Pennsylvania y Lord Baltimore en Maryland.

Mientras América estaba siendo colonizada, Inglaterra y Francia estaban contínuamente en guerra en Europa, por lo que era natural que esta guerra se extendiera al Nuevo Mundo. Las colonias inglesas y las francesas se vieron envueltas en cuatro guerras separadas. Estas fueron: la Guerra del Rey William de 1689 a 1697; la Guerra de la Reina Anna de 1702 a 1713; la Guerra del Rey Jorge de 1743 a 1748, y la Guerra francesa é India de 1754 a 1763.

En estas guerras algunas de las tribus indígenas ayudaron a los franceses y otras ayudaron a los ingleses. En la última de estas guerras que terminó en 1763, Inglaterra logró una victoria total y quedó en control de la mayor parte del país al este del Mississippi, incluyendo las colonias de la costa del Atlántico. Inglaterra tambien adquirió al Canadá, que es aún parte de la Comunidad Británica. Un año antes de terminar la guerra, Francia le cedió a España sus territorios al oeste del Mississippi, pero en 1800 le fueron devueltos secretamente. Los Estados Unidos le compraron este territorio a Francia en 1803. La Florida continuó siendo una posesión española hasta 1819.

PREGUNTAS

1. P. ¿Cuál era la población de los Estados Unidos según el censo Federal de 1980?

   R. La población de los Estados Unidos según el censo de 1980, se estimó en 226,504,825.

2. P. ¿Quiénes fueron los primeros habitantes de lo que es hoy los Estados Unidos?

   R. Los Indios fueron sus primeros habitantes.

3. P. ¿Cuándo llegaron los primeros hombres blancos a América?

   R. Se cree que los Nórdicos, procedentes del norte de Europa desembarcaron en las costas de América alrededor del año 1000.

4. P. ¿Fundaron los Nórdicos algún establecimiento permanente?

   R. No. Si alguno de ellos permaneció en América murió debido a las penalidades o fué muerto por los Indios.

5. P. ¿Cuándo y por quién fué hecho el verdadero descubrimiento de América?

   R. Cristóbal Colón, un italiano al servicio de España, descubrió América en 1492.

6. P. ¿Cómo recibió América su nombre?

   R. Se le dió el nombre de América, por Américo Vespucci, un explorador notable quien hizo mapas y escribió artículos describiendo las nuevas tierras.

7. P. ¿Envió España colonizadores a América?

    R. Sí. Muchas gentes vinieron de España. Los españoles fundaron los primeros poblados permanentes en América.

8. P. ¿Cuáles fueron los primeros poblados permanentes?

    R. Los españoles fundaron San Agustín, Florida en 1565, y Santa Fé, Nuevo México en 1605.

9. P. ¿Qué otras naciones establecieron colonias en América?

    R. Inglaterra, Francia y Holanda fueron las naciones más importantes que establecieron colonias; tambien vinieron algunos inmigrantes de Suecia.

10. P. ¿Dónde se establecieron por primera vez los ingleses?

    R. Los ingleses se establecieron en Jamestown, Virginia en 1607, y en Plymouth, Massachusetts, en 1620.

11. P. ¿Por qué vinieron los ingleses a América?

    R. La mayor parte vino en busca de libertad, especialmente de libertad religiosa. Otros vinieron en busca de riqueza y de aventuras.

12. P. ¿Dónde se establecieron los holandeses?

    R. Los holandeses se establecieron en Nueva Amsterdam (ahora Nueva York) en 1609.

13. P. ¿Dónde se establecieron por primera vez los franceses?

    R. Los franceses se establecieron a lo largo del río San Lorenzo en Canadá, cerca de los Grandes Lagos y en el Valle del Mississippi.

14. P. ¿En cuántas guerras se vieron envueltos los ingleses y los franceses?

    R. Fueron cuatro las guerras entre los ingleses y los franceses. La última de éstas, la guerra "Francesa é India" terminó en 1763.

15. P. ¿Cuál fué el resultado final de estas guerras?

    R. Los ingleses obtuvieron una victoria total y el control del área que comprende actualmente la parte este de los Estados Unidos. Inglaterra obtuvo también el Canadá, que sigue formando parte de la Comunidad Británica.

16. P. ¿Cuándo se introdujo la esclavitud en los Estados Unidos?

    R. En 1619, unos traficantes de esclavos, holandeses, trajeron un cargamento de africanos a Virginia, y los vendieron a los granjeros de Jamestown. La importación de esclavos cesó en 1808, pero la esclavitud continuó hasta 1865.

17. P. ¿Existió la esclavitud en todas partes de los Estados Unidos?

R. No. La esclavitud estuvo confinada a los estados del sur.

18. P. ¿Cuándo se abolió la esclavitud?

R. El presidente Abraham Lincoln emitió la "Proclamación de Emancipación" en 1863, pero los estados Confederados continuaron practicando la esclavitud hasta el final de la Guerra Civil en 1865.

RESUMEN DE FECHAS

1000 — Los nórdicos descubren América del norte.

1492 — Colón descubre América y toma posesión a nombre de España.

1565 — Los españoles fundan San Agustín, Florida.

1605 — Los españoles fundan Santa Fé, Nuevo México.

1607 — Los ingleses fundan Jamestown, Virginia.

1609 — Los holandeses fundan Nueva Amsterdam (ahora Nueva York).

1619 — Se introduce la esclavitud en Virginia.

1620 — Los Peregrinos ingleses fundan Plymouth, Massachusetts.

1620 — 1720 Gentes de muchas naciones emigran de Europa a América.

1763 — La última de las cuatro guerras entre franceses e ingleses, termina con una victoria inglesa. Se establecen trece colonias británicas.

1863 — El presidente Abraham Lincoln emite la "Proclamación de Emancipación", aboliendo la esclavitud en los Estados Unidos.

1865 — Fin de la Guerra Civil. La nación fué salvada y los esclavos fueron libertados.

LECCION IV – LA GUERRA REVOLUCIONARIA

En 1760 había ya trece colonias inglesas firmemente establecidas en América. Estas eran: Massachusetts, Rhode Island, Connecticut, New Hampshire, New York, New Jersey, Pennsylvania, Delaware, Virginia, Maryland, North Carolina, South Carolina y Georgia.

Los pobladores de estas colonias eran trabajadores y ambiciosos. Habían venido al Nuevo Mundo en busca de mayor libertad y de mejores condiciones de vida. Creían que tenían derecho de aprovechar todas las nuevas oportunidades que se presentaban.

Pero muy pronto se encontraron con que el gobierno inglés no tenía intenciones de concederles los privilegios que ellos esperaban. La guerra entre Francia e Inglaterra le había costado mucho dinero a los ingelses. Para conseguir este dinero, Inglaterra había fijado muy elevados impuestos a los colonos. A las colonias se les prohibió comerciar con otro país que no fuera Inglaterra y tenían la obligación de embarcar sus productos en barcos ingleses. Los asuntos de las colonias se regían por leyes inglesas, muchas de las cuales eran desagradables a las mismas personas para las cuales fueron hechas. A las colonias no se les permitía enviar representantes al Parlamento Inglés para participar en la elaboración de sus leyes y esto lo consideraban muy injusto.

Muchos de los hombres destacados de las colonias, aconsejaron que no se deberían pagar los impuestos hasta que se les permitiera enviar representantes al Parlamento. Por todo el país se extendió el clamor de "No impuestos sin representación".

Para obligar a los Americanos a pagar los impuestos y a obedecer las leyes, los ingleses enviaron gran contingente de soldados a las colonias. Se obligó a los colonos a alimentar y a alojar a estos soldados, lo cual empeoró las cosas. Había problemas constantes entre los colonos y los soldados. En 1770, un regimiento de soldados ingleses en Boston, disparó sobre una multitud de hombres y muchachos que los estaban molestando e hirieron a once de ellos. Durante los siguientes años se presentaron varios conflictos. Algunos de los hombres más destacados de las colonias, entre ellos Patrick Henry y Thomas Jefferson, aconsejaron que se peleara contra los oficiales y soldados ingleses hasta que Inglaterra se viera obligada a darles representación a las colonias. En 1775 se reunió en Philadelphia un Congreso de delegados de las colonias y decidieron combatir a los ingleses, hasta que Inglaterra les concediera el derecho de gobernarse a sí mismos. Se escogió a George Washington como comandante del ejército Americano.

Inmediatamente se formó un ejército de voluntarios Americanos. Después de un año de combatir, en el que se efectuó la importante batalla de Bunker Hill cerca de Boston, los colonos decidieron que no era suficiente el tener representación en el Parlamento, sino que debería establecerse una nueva nación, totalmente desligada de Inglaterra.

El 4 de julio de 1776, el Congreso emitió la gran "Declaración de Independencia" que declaraba que las colonias ya no estaban bajo el dominio de Inglaterra y que formaban una nación libre e independiente. La Declaración de Independencia citaba una larga lista de razones para la separación. Thomas Jefferson, uno de los estadistas mas famosos de América, era el presidente de un comité de cinco hombres prominentes que fueron quienes escribieron la Declaración de Independencia.

Después de que fue hecha la Declaración de Independencia, la guerra entre los dos países se conoció como la Guerra Revolucionaria. Esta guerra duró seis años. En 1778, debido a la influencia de Benjamin Franklin, Francia envió barcos y soldados para ayudar a los americanos. El ejército francés le proporcionó ayuda de gran valor a las tropas americanas durante los siguientes tres años. El Marqués de Lafayette, un noble joben, fué uno de los franceses que más se distinguió al servicio del ejército americano.

Entre los europeos distinguidos que prestaron servicios valiosos en las fuerzas americanas, estaban Thaddeus Kosciuszko y Casimir Pulaski, de Polonia; el baron Friedrich Wilhelm von Steuben, un experimentado oficial alemán y el conde D'Estaing, un oficial naval francés.

La última acción de la guerra fué en 1781, cuando Lord Cornwallis, el comandante inglés, se rindio a George Washington en Yorktown, Virginia. Poco tiempo después se retiraron todas las tropas británicas de los Estados Unidos. El tratado de paz se firmó en 1783, y nuestro país inició su existencia como una nación libre.

PREGUNTAS

1. P. ¿Cuántas colonias británicas había en América en 1760?

   R. Había trece colonias británicas.

2. P. ¿Por qué no estaban satisfechas estas colonias con el dominio británico?

   R. Las colonias objetaron los "impuestos sin representación". Inglaterra aplicó a los colonos impuestos muy elevados y no les permitió enviar representantes al Parlamento, para ayudar a redactar las leyes. Inglaterra nombraba a los funcionarios de las colonias y envió soldados para aplicar las leyes. Las colonias tenían que mantener a estos soldados. Todas las exportaciones tenían que ser hechas en barcos ingleses.

3. P. ¿Cuándo comenzaron realmente los problemas entre las colonias e Inglaterra?

R. Se presentaron muchos problemas entre 1770 y 1775. La guerra comenzó realmente en 1775, con George Washington como Comandante en Jefe del ejército Americano.

4. P. ¿Qué peleaban las colonias en un principio?

R. Al principio peleaban por un gobierno representativo.

5. P. ¿Cuándo se emitió la Declaración de Independencia?

R. La Declaración de Independencia fué publicada el 4 de julio de 1776.

6. P. ¿Quién emitió la Declaración de Independencia?

R. El Congreso Continental reunido en Philadelphia. Thomas Jefferson, uno de nuestros grandes estadistas, escribió la Declaración de Independencia.

7. P. ¿Qué declaraba la Declaración de Independencia?

R. Declaraba que las colonias "eran y debían ser una nación libre e independiente". Daba una larga lista de razones para la separación de Inglaterra.

8. P. ¿Qué país ayudó a los Estados Unidos en la Guerra Revolucionaria?

R. Francia prestó una ayuda valiosa. Muchas personas de otros países prestaron servicios importantes voluntariamente.

9. P. ¿Cuándo terminó la Guerra Revolucionaria?

R. Lord Cornwallis, el general británico, se rindió a Washington en Yorktown, Virginia, en 1781. El tratado de paz se firmó en 1783.

LECCION V – NUESTRA BANDERA

A la bandera de los Estados Unidos, con frecuencia se le dan los nombres de "Barras y Estrellas" o "Rojo, Blanco y Azul". Nuestro país ha tenido esta bandera como su emblema desde el año de 1777. El honor de haber hecho la primera bandera se le atribuye a Betsy Ross, una mujer patriota de Philadelphia. Se dice que George Washington hizo un boceto a lápiz del diseño, – trece barras de color alternado rojas y blancas, y trece estrellas blancas colocadas en forma circular sobre un fondo azul. Este boceto se le entregó a Betsy Ross y nuestra bella bandera es el resultado de su trabajo.

En la primera bandera cada uno de los trece estados originales estaba representado por una barra y una estrella. Conforme se fueron añadiendo más estados a la Unión, se fueron agregando más estrellas. El número de las barras tuvo sus variaciones pero finalmente se fijó permanentemente en trece. Nuestra bandera tiene actualmente cincuenta estrellas, redencia a través de la Guerra Revolucionaria. Las estrellas son blancas sobre un campo azul y están ordenadas en nueve filas escalonadas. Cinco de estas filas tienen seis estrellas y las otras cuatro tienen cinco estrellas. Los cincuenta estados representados por estrellas en la bandera, mencionados en el orden en el cual ingresaron a la Unión bajo la Constitución actual, son:

Delaware, Pennsylvania, New Jersey, Georgia, Connecticut, Massachusetts, Maryland, South Carolina, New Hampshire, Virginia, New York, North Carolina, Rhode Island, Vermont, Kentucky, Tennessee, Ohio, Louisiana, Indiana, Mississippi, Illinois, Alabama, Maine, Missouri, Arkansas, Michigan, Florida, Texas, Iowa, Wisconsin, California, Minnesota, Oregon, Kansas, West Virginia, Nevada, Nebraska, Colorado, North Dakota, South Dakota, Montana, Washington, Idaho, Wyoming, Utah, Oklahoma, New Mexico, Arizona, Alaska, y Hawaii.

Cada uno de los colores de la bandera tiene su significado. El rojo significa valentía, el blanco significa verdad, el azul significa justicia. Para que constantemente tengamos en mente estos ideales americanos, nuestra bandera ondea sobre cada uno de los edificios públicos y se encuentra en cada aula de nuestras escuelas.

La bandera debe izarse al amanecer y bajarse a la puesta del sol. La bandera americana debe tener siempre el lugar de honor cuando se lleva junto con otras banderas. La bandera no debe ser usada en ninguna forma de publicidad. Cuando la bandera se ensucia o se desgasta, debe ser quemada respetuosamente. Un día en especial, el 14 de junio ha sido nombrado "Día de la Bandera". En este día se honra públicamente a la bandera con ejercicios patrióticos y cada Americano renueva su jeramento de lealtad. Cada uno de los Americanos debe saber este juramento de lealtad.

"Yo prometo (guardar) lealtad a la bandera de los Estados Unidos de América, y a la república que representa; una nación bajo (la protección de) Dios, indivisible, con libertad y justicia para todos".

PREGUNTAS

1. P. ¿Cuáles son los colores de la bandera de los Estados Unidos?

   R. Los colores de la bandera son rojo, blanco y azul.

2. P. ¿Qué significan estos colores?

   R. El rojo significa valentía, el blanco significa verdad, el azul significa justicia.

3. P. ¿Cuántas barras tiene la bandera?

   R. Tiene trece barras; cada una representa a uno de los trece estados originales.

4. P. ¿Cuáles son los trece estados originales?

   R. Son Massachusetts, Rhode Island, Connecticut, New Hampshire, New York, New Jersey, Pennsylvania, Delaware, Virginia, Maryland, North Carolina, South Carolina, Georgia.

5. P. ¿Cuántas estrellas tiene la bandera?

   R. Tiene cincuenta estrellas; cada una representa a uno de los cincuenta estados actuales.

6. P. Repita el juramento de lealtad.

   R. "Yo prometo (guardar) lealtad a la bandera de los Estados Unidos de América, y a la república que representa; una nación bajo (la protección de) Dios, indivisible, con libertad y justicia para todos".

LECCION VI – COMO SE HIZO LA CONSTITUCION

Después de la Declaración de Independencia el 4 de julio de 1776, el Congreso compuesto por los delegados de las trece colonias, formuló un plan de gobierno para la nueva nación. El gobierno sería una república. Este sistema de leyes se llamó "Artículos de la Confederación."

Muy pronto se vió que los "Artículos" no eran satisfactorios. No había un presidente o una cabeza ejecutiva. El Congreso podía hacer leyes pero no había nadie que las aplicara. Cualquier estado podía retirarse de la unión se quería.

Después de unos cuantos años, el pueblo decidió que deberían mejorarse los Artículos de la Confederación. En 1787, los delegados de los trece estados se reunieron en Philadelphia para hacer una nueva Constitución. Su intención era la de revisar y mejorar los Artículos de la Confederación, pero muy pronto fué evidente que la alteración de los Artículos de la Confederación no sería suficiente para las necesidades de la nación en rápido crecimiento y que debía hacerse una Constitución totalmente nueva.

La Convención de 1787 en Philadelphia, redactó la Constitución actual, la cual sería obligatoria tan pronto como la ratificaran nueve estados.

La nueva Constitución fué un gran adelanto sobre los Artículos de la Confederación. En verdad es tan excelente, que aun cuando han pasado va 200 años desde su adopción, solamente se han hecho 26 enmiendas a la Constitución original.

Muchos de los hombres más capaces de la nueva nación, fueron también miembros de la convención. Entre ellos estaban George Washington, Alexander Hamilton, James Madison, Benjamin Franklin, Elbridge Gerry y Robert Morris.

La convención comenzó sus sesiones en mayo pero no fué sino hasta septiembre que la Constitución estuvo lista para ser sometida a la aprobación de los estados.

Algunos de los estados representados en la convención eran grandes, y otros eran pequeños; algunos eran agricultores y otros eran comerciales; algunos tenían esclavitud y otros no.

Hubo muchos debates y discusiones acaloradas entre los delegados, antes de que llegaran a resoluciones aceptables.

Conforme a los Artículos de la Confederación, había únicamente una cámara en el Congreso. Cada estado tenía solamente un voto sin importar el número de sus delegados. Esta situación no era aceptable para los estados grandes como Virginia y Massachusetts, quienes no tenían más poder en el Congreso que el pequeño estado de Delaware. La nueva Constitución resolvió satisfactoriamente esta situación, estableciendo dos Cámaras en el Congreso. En el Senado todos los estados tendrían igual representación; en la Casa de Representantes, la representación dependería de la población. En ambas Cámaras, cada miembro tendría un voto independiente.

El convenio referente a la esclavitud determinaba su representación contando las tres quintas partes de los esclavos y se prohibía la importación de esclavos después de 1808.

Otros convenios establecían la elección de los Senadores de los Estados Unidos por las legislaturas de los estados, la elección de Presidente por medio de electores presidenciales y el nombramiento de los Jueces de la Suprema Corte por el Presidente, con la aprobación del Senado.

La adopción de la nueva Constitución fué combatida vigorosamente en varios estados, pero para el verano de 1788, un número suficiente la había aprobado para hacerla vigente. Rhode Island y North Carolina fueron los últimos en aprobarla. Con la toma de posesión de Washington como Presidente, en la ciudad de New York, el 30 de abril de 1789, se inauguró el nuevo gobierno.

PREGUNTAS

1. P. ¿Qué forma de gobierno tienen los Estados Unidos?

   R. Los Estados Unidos son una república. Tenemos una forma republicana de gobierno.

2. P. ¿Qué es una república?

   R. Una república es el gobierno del pueblo a través de sus representantes electos. El funcionario de más elevada categoría es el Presidente, elegido por el pueblo.

3. P. ¿Qué es la Constitución?

   R. La Constitución es la ley suprema de los Estados Unidos.

4. P. ¿Sobre qué principios se basa la Constitución de los Estados Unidos?

   R. Los principios de la Constitución son Libertad, Igualdad y Justicia.

5. P. ¿Cómo se llamó el primer sistema de leyes de los Estados Unidos?

   R. Se llamó "Artículos de la Confederación". Este sistema se adoptó durante la Guerra Revolucionaria.

6. P. ¿Por qué no fueron satisfactorios los Artículos de la Confederación?

   R. Bajo los Artículos de la Confederación no había Presidente. El Congreso podía hacer leyes pero no podía aplicarlas. Cualquier estado podía separarse de la Unión cuando quisiera.

7. P. ¿Cuándo se escribió la Constitución actual?

   R. Delegados de los trece estados se reunieron en Philadelphia e hicieron la nueva Constitución en 1787.

8. P. ¿Cuál era el número mínimo de estados que debían ratificar la Constitución?

R. Cuando la Constitución fuera ratificada por nueve estados se hacía obligatoria para esos estados.

9. P. ¿Cuándo fué ratificada la Constitución?

R. Nueve estados la ratificaron en 1788 y fué adoptada en 1789. En 1790 ya había sido ratificada por todos los estados.

LECCION VII — LA CONSTITUCION Y EL PRESIDENTE

La Constitución de los Estados Unidos que fué adoptada en 1789, creó el cargo de Presidente. Se elegiría un Presidente cada cuatro años y podía servir tantos períodos como la gente quisiera. George Washington fué escogido unánimemente como primer presidente. Fué Presidente en 1789 y desempeñó el cargo por dos períodos, rehusándose a continuar por un tercer período. Varios de nuestros presidentes han ocupado el cargo durante dos períodos, pero solamente Franklin D. Roosevelt fué elegido para un tercer período. Una enmienda reciente a la Constitución, la 22a, limita el número de períodos a *dos*.

El 22 de noviembre de 1963, el mundo fué sobresaltado por el asesinato del Presidente John F. Kennedy, en Dallas, Texas. El vicepresidente, Lyndon B. Johnson inmediatamente se hizo cargo de la presidencia y desempeñó el cargo por el resto de ese período. Después fué elegido para otro período de cuatro años en 1964.

Nuestro quinto presidente, James Monroe, en un mensaje dirigido al Congreso, anunció que era su opinión que ningún país extranjero, a partir de entonces, debería tratar de colonizar parte alguna del continente Americano y dijo que cualquier tentativa en ese sentido sería considerado por los Estados Unidos como un "acto no amistoso". Desde entonces se conoce esta actitud como "La Doctrina Monroe", principio que ha sido aceptado internacionalmente.

Cuatro de nuestros presidentes, Lincoln, Garfield, McKinley y Kennedy fueron asesinados. Otros dos, William Henry Harrison y Zachary Taylor, murieron poco después de su toma de posesión.

Después de muchos meses de una salud quebrantada, Woodrow Wilson murió en enero de 1924. El Sr. Wilson llevó la pesada carga de la presidencia durante la Primera Guerra Mundial y su dedicación desinteresada a sus deberes minó su salud. Se le recordará como uno de nuestros grandes Presidentes.

El 12 de abril de 1945, menos de seis semanas antes de la rendición de Alemania durante la Segunda Guerra Mundial, murió el presidente Franklin D. Roosevelt. El vicepresidente, Harry S. Truman, inmediatamente se hizo cargo de la presidencia.

El pueblo de los Estados Unidos ha demostrado tener mucho juicio en la selección del Jefe del Ejecutivo. La mayor parte de los presidentes han sido hombres de gran habilidad, que han servido bien a su país en el elevado cargo para el que fueron elegidos.

LISTA DE PRESIDENTES

1. George Washington 1789-1797
2. John Adams 1797-1801
3. Thomas Jefferson 1801-1809

4.	James Madison	1809-1817
5.	James Monroe	1817-1825
6.	John Quincy Adams	1825-1829
7.	Andrew Jackson	1829-1837
8.	Martin Van Buren	1837-1841
9.	William Henry Harrison	1841-
10.	John Tyler	1841-1845
11.	James K. Polk	1845-1849
12.	Zachary Taylor	1849-1850
13.	Millard Fillmore	1850-1853
14.	Franklin Pierce	1853-1857
15.	James Buchanan	1857-1861
16.	Abraham Lincoln	1861-1865
17.	Andrew Johnson	1865-1869
18.	Ulysses S. Grant	1869-1877
19.	Rutherford B. Hayes	1877-1881
20.	James A. Garfield	1881-
21.	Chester A. Arthur	1881-1885
22.	Grover Cleveland	1885-1889
23.	Benjamin Harrison	1889-1893
24.	Grover Cleveland	1893-1897
25.	William McKinley	1897-1901
26.	Theodore Roosevelt	1901-1909
27.	William H. Taft	1909-1913
28.	Woodrow Wilson	1913-1921
29.	Warren G. Harding	1921-1923
30.	Calvin Coolidge	1923-1929
31.	Herbert Hoover	1929-1933
32.	Franklin D. Roosevelt	1933-1945
33.	Harry S. Truman	1945-1953
34.	Dwight D. Eisenhower	1953-1961
35.	John F. Kennedy	1961-1963
36.	Lyndon B. Johnson	1963-1969
37.	Richard M. Nixon	1969-1974
38.	Gerald R. Ford	1974-1977
39.	Jimmy Carter	1977-1981
40.	Ronald Reagan	1981-1989
41.	George Bush	1989-1993
42.	William J. Clinton	1993-

PREGUNTAS Y RESPUSTAS

1. P. ¿Quién fué el primer presidente de los Estados Unidos?
   R. George Washington fué el primer presidente en 1789.

2. **P.** ¿Cuántos presidentes hemos tenido en los Estados Unidos?

   R. Cuarenta hombres han sido presidentes de los Estados Unidos. Grover Cleveland lo fué dos veces.

3. **P.** ¿Quién era presidente durante la Guerra Civil?

   R. Abraham Lincoln.

4. **P.** ¿Cuantos períodos puede desempeñar un presidente?

   R. Hasta la adopción de la Enmienda 22 en marzo de 1951, un presidente podía desempeñar tantos períodos como veces fuera elegido. Franklin D. Roosevelt fué elegido para cuatro períodos consecutivos. La Enmienda 22 limita a dos el número de períodos que puede desempeñar un presidente.

5. **P.** ¿Qué presidentes fueron asesinados durante su cargo?

   R. Abraham Lincoln, James Garfield, William McKinley y John F. Kennedy fueron asesinados.

6. **P.** ¿Cada cuándo se elige presidente?

   R. Las elecciones presidenciales son cada cuatro años. Se escoge a los Electores en el mes de noviembre de los años divisibles por cuatro, y ellos eligen al presidente en el siguiente mes de diciembre.

7. **P.** ¿Cuándo toma posesión de su cargo el presidente?

   R. El presidente toma posesión de su cargo el veinte de enero siguiente a su elección.

8. **P.** ¿Qué es la Doctrina Monroe?

   R. La Doctrina Monroe establece que ninguna potencia extranjera podrá en el futuro, intentar colonizar cualquier parte de América. Fue anunciada en 1823 y se le ha invocado con éxito en algunas ocasiones en las que algunas naciones extranjeras sugirieron colonizar parte de América.

9. **P.** ¿Quién dijo que una república es "el gobierno del pueblo, por el pueblo y para el pueblo"?

   R. Abraham Lincoln usó estas palabras en su famoso "Discurso de Gettysburg." Este discurso fué pronunciado en noviembre de 1863 cuando se inauguró una parte del campo de batalla de Gettysburg, como Cementerio Nacional.

   (El texto del Discurso de Gettysburg está en la Lección XXV.)

LECCION VIII
LA RAMA LEGISLATIVA DEL GOBIERNO NACIONAL

La ley suprema de los Estados Unidos es la Constitución. La Constitución divide el gobierno de la nación en tres ramas, llamadas la rama legislativa, la rama ejecutiva y la rama judicial. Legislativo significa hacer leyes; ejecutivo significa aplicar las leyes; judicial significa interpretar las leyes. Estas tres ramas las tienen el gobierno de la nación, el gobierno del estado, el gobierno del condado y el gobierno de la ciudad. Si un ciudadano entiende cómo trabajan estas tres ramas, tendrá un buen conocimiento del gobierno de nuestra nación.

La rama legislativa de los Estados Unidos es el Congreso. El Congreso se reune en Washington D.C., el tercer día de enero de cada año. Generalmente permanece en sesión hasta que haya resuelto los asuntos del año. El Presidente puede convocar a sesiones especiales cuando lo considere conveniente. Varios presidentes han convocado a sesiones especiales del Congreso.

El Congreso está compuesto por dos Casas. Una es llamada el Senado y la otra la Casa de Representantes. Cada uno de los cincuenta estados de la Unión envía dos Senadores al Senado de los Estados Unidos; esto hace un total de 100 Senadores. El cargo tiene una duración de seis años. Una tercera parte de los Senadores se renueva cada dos años. Un Senador representa la totalidad de su estado; puede residir en cualquier parte del estado que represente.

El número de Representantes de un estado depende de la población que tenga. Cada estado tiene derecho a tener cuando menos un Representante, sin importar el tamaño de su población. La base para la representación se cambia cada diez años después del censo de la población de los Estados Unidos. Cuando se adoptó la Constitución la base era de un Representante por cada 30,000 habitantes. La base actual es de un Representante por cada 410,481 habitantes.

A los Representantes se les llama comúnmente Congresistas. Cada estado está dividido en Distritos Congresionales. Es la costumbre que el Representante resida en el distrito que representa. El Representante dura en su cargo dos años.

La Casa de Representantes actual, tiene 435 miembros, más un Comisionado Residente de Puerto Rico. Este último no tiene voto pero sí toma parte en las discusiones y puede solicitar a la Casa que tome en cuenta problemas que son de interés para la zona que representa.

Un Senador de E.U., debe tener cuando menos treinta años de edad; un Representante, cuando menos veinticinco.

El Vicepresidente de los Estados Unidos preside las sesiones del Senado y recibe el nombre de Presidente del Senado. Se le elige al mismo tiempo y en la misma forma que al Presidente de los Estados Unidos. Cuando se llama al Vicepresidente para que desempeñe las funciones del Presidente, o cuando está ausente por cualquier razón, el Presidente *pro tempore* del Senado es quien preside las sesiones. Al Gore es el Vicepresidente.

El Vicepresidente puede votar en el Senado únicamente en caso de empate. Por ejemplo, si cincuenta Senadores votan a favor de una ley y cincuenta votan en contra, el Vicepresidente pueda dar el voto decisivo. Pero el Presidente *pro tempore*, siendo miembro del Senado puede votar siempre, ya sea presidente o no. Cuando el Vicepresidente vota en un empate, siempre debe votar a favor; no puede votar en contra. Si se trata de un empate y el Vicepresidente no vota, la medida se pierde automáticamente.

El funcionario que preside la Casa de Representantes es el Vocero. El Vocero es uno de los miembros de la Casa de Representantes y es elegido por sus colegas. Siendo el Vocero uno de los Representantes, puede votar en todos los casos. El ocupará el cargo de Presidente de los Estados Unidos si tanto el Presidente como el Vicepresidente están incapacitados para desempeñarlo. Cuando el Vocero está ausente, los Representantes eligen a un Vocero *pro tempore* para que los presida.

NUMERO DE MIEMBROS DE LA CASA DE REPRESENTANTES

Alabama 7, Alaska 1, Arizona 6, Arkansas 4, California 52, Colorado 6, Connecticut 6, Delaware 1, Florida 23, Georgia 11, Hawaii 2, Idaho 2, Illinois 20, Indiana 19, Iowa 5, Kansas 4, Kentucky 6, Louisiana 7, Maine 2, Maryland 8, Massachusetts 10, Michigan 16, Minnesota 8, Mississippi 5, Missouri 9, Montana 1, Nebraska 3, Nevada 2, New Hampshire 2, New Jersey 13, New Mexico 3, New York 31, North Carolina 12, North Dakota 1, Ohio 21, Oklahoma 6, Oregon 5, Pennsylvania 21, Rhode Island 2, South Carolina 6, South Dakota 1, Tennessee 9, Texas 30, Utah 3, Vermont 1, Virginia 11, Washington 9, West Virginia 3, Wisconsin 9, Wyoming 1.

PREGUNTAS

1. P. ¿Cuáles son las tres ramas del gobierno de los Estados Unidos?
   R. Las tres ramas son la legislativa, la ejecutiva y la judicial.

2. P. ¿Qué significan estos tres términos?
   R. Legislativo significa hacer leyes; ejecutivo significa aplicar las leyes; judicial significa interpretar o explicar las leyes.

3. P. ¿Cuál es la rama legislativa del gobierno de los Estados Unidos?
   R. El Congreso es la rama legislativa del gobierno de los Estados Unidos.

4. P. ¿Donde y cuándo se reúne el Congreso?
   R. El Congreso se reúne en Washington D.C. el tercer día de enero de cada año. Permanece en sesión durante casi todo el año.

5. P. ¿Cuáles son las divisiones del Congreso?

R. El Congreso está compuesto por dos Casas, la Casa de Representantes y el Senado.

6. P. ¿Cuántos Senadores de los Estados Unidos tiene cada estado?
   R. Cada estado tiene dos Senadores de los Estados Unidos.

7. P. ¿Cuántos Representantes tiene cada estado?
   R. El número de Representantes depende de la población del estado. En el Congreso actual, los Representantes están distribuidos entre los estados sobre la base de la población total según el censo de 1990, hay un Representante por cada 410,481 habitantes.

8. P. ¿Quién preside el Senado?
   R. El Vicepresidente es el Presidente del Senado.

9. P. ¿Quién preside la Casa de Representantes?
   R. El funcionario que la preside es el Vocero, quien es elegido por los demás Representantes. Una ley aprobada por el Congreso en 1947 establece que el Vocero es el sucesor del Presidente de los Estados Unidos, si tanto éste como el Vicepresidente están incapacitados para desempeñar el cargo.

10. P. ¿Son iguales las obligaciones de los Senadores y los Representantes?
    R. El Senador debe promover los intereses de todo el estado. La primera obligación del Representante es promover los intereses del distrito que lo eligió. Ambos deben trabajar en bien de todo el pueblo.

11. P. ¿Cambió el número de los miembros de la Casa de Representantes debido al Censo de 1990?
    R. No. El número permanente continua siendo de 435. Se establece una nueva base como resultado del censo de 1990 y la división de Representantes entre los estados se ajusta sobre esa base. Algunos estados ganaron Representantes y otros los perdieron.

    Ganaron: California 2, Florida 4, Texas 3, Arizona, Colorado, Washington, Tennessee, Oregon, Nevada, Utah, New Mexico, 1 cada uno.

    Perdieron: New York 5, Pennsylvania, Ohio, Illinois 2 cada uno, Indiana, Massachusetts, Michigan, Missouri, New Jersey and South Dakota, 1 cada uno.

12. P. Si en una república el pueblo gobierna a través de sus representantes, ¿por qué no gobiernan directamente los votantes, en vez de elegir representantes?
    R. En los primeros días de la Nueva Inglaterra, hubo poblados en los cuales todos los votantes se reunían para hacer las leyes. Eran pocos

habitantes y vivían en áreas muy reducidas. Esta forma de gobierno directo no es posible en las condiciones actuales. En cada distrito de votación hay demasiadas personas. Muchos de ellos no podrían dejar sus hogares o sus negocios; muchos tendrían que venir desde muy lejos; muchos no tendrían el tiempo suficiente; una gran parte no estarían capacitados por falta de información y de experiencia.

Con el sistema de representantes los votantes pueden escoger un pequeño número de representantes con la educación y la experiencia necesarias, que tienen la capacidad para hacer las leyes y para gobernar en su nombre, y que por lo general lo hacen conforme a sus deseos. Un gran número de los miembros de nuestro Congreso actual son abogados.

LECCION IX – LEGISLACION

Todas las leyes hechas en los Estados Unidos deben estar de acuerdo con los principios de la Constitución. Las leyes las hacen las dos casas del Congreso trabajando conjuntamente. Ni el Senado ni la Casa de Representantes, pueden hacer leyes por sí solas.

Se hace primero un proyecto de ley. Hay tres maneras por las cuales un proyecto se convierte en ley.

Primera: Un proyecto de ley debe ser aprobado en ambas Casas, por mayoría de votos. Después se le envía al Presidente. Si el Presidente firma el proyecto, éste se convierte en ley.

Segunda: Un proyecto de ley debe ser aprobado en ambas Casas por mayoría de votos y después enviado al Presidente. Si el Presidente veta el proyecto, éste regresa a la Casa en la que se originó. Si ambas Casas la aprueban de nuevo por una mayoría de dos terceras partes de votos, el proyecto se convierte en ley aún cuando no tenga la firma del Presidente.

Tercera: Un proyecto de ley debe ser aprobado en ambas Casas por mayoría de votos y después enviado al Presidente. Si el Presidente retiene el proyecto por diez días (exceptuando los domingos), el proyecto se convierte en ley aun cuando no esté firmado por el Presidente, a no ser que el Congreso suspenda su período de sesiones antes de haber transcurrido los diez días.

Las órdenes o resoluciones que requieren la concurrencia de ambas Casas, deben ser enviadas al Presidente para su firma o su veto.

En ocasiones el Congreso aprueba leyes que son necesarias por períodos reducidos de tiempo o aprueba leyes que a la larga no son satisfactorias. La Constitución establece que todas las leyes aprobadas por el Congreso pueden ser rechazadas o cambiadas por el mismo Congreso.

LOS PODERES DEL CONGRESO

El Congreso recibe su poder del pueblo, quien es el que elige a sus miembros. El poder de hacer leyes es dado expresamente al Congreso por la Constitución de los Estados Unidos. El Artículo X de la Ley de Derechos dice: "Los poderes que la Constitución no delegue a los Estados Unidos o que no prohiba para los estados, se reservan respectivamente a los estados o al pueblo". Con esta restricción, el Congreso tiene el poder de hacer todas las leyes necesarias para el bienestar de la nación. En la Constitución únicamente se mencionan algunos de los poderes más importantes. Entre ellos están los siguientes:

(1) El Congreso puede declarar la guerra. El Presidente puede recomendar que se declare la guerra, pero únicamente el Congreso puede declararla. (2) El Congreso hace las leyes para la naturalización de los extranjeros. Estas leyes deben ser las mismas en todos los Estados Unidos. (3) El Congreso parcialmente controla el servicio postal y lo mantiene. (4) El Congreso puede

establecer las cortes que sean necesarias. (5) El Congreso puede acuñar moneda. (6) El Congreso puede conceder patentes y derechos de autor. (7) El Congreso puede recaudar dinero para los gastos del gobierno, mediante la aplicación de impuestos a bienes importados de otros países y a algunos bienes fabricados en el país. (8) El Congreso puede hacer algunas leyes necesarias para el gobierno del Distrito de Columbia. Este es una porción de tierra de unas setenta millas cuadradas que se ha apartado para que sea el asiento del gobierno de los Estados Unidos. Está situado entre los estados de Maryland y Virginia y en él está la capital de la Nación, la ciudad de Washington.

La ciudad de Washington no maneja sus propios asuntos como lo hacen otras ciudades.

PROHIBICIONES AL CONGRESO

Una prohibición es algo que está prohibido. La Constitución le prohibe al Congreso hacer determinadas cosas.

1. El Congreso no puede aplicar impuestos a los bienes que se exportan de los Estados Unidos. Probablemente estos bienes serán materia de impuestos en el país de destino. Sería injusto aplicarles también impuestos aquí.

2. El Congreso no puede conceder títulos de nobleza. Nuestro país es una democracia y no hay lugar para Condes, Duques, Barones o Lores entre los ciudadanos americanos.

3. El Congreso no puede disponer del dinero de los Estados Unidos en forma distinta de la prescrita por la Ley.

4. El Congreso no puede detener el derecho de *habeas corpus* excepto en tiempo de guerra. El derecho de *habeas corpus* es uno de los derechos más valiosos de un pueblo libre. Significa que a nadie se le puede someter a prisión sin juicio.

En tiempos de guerra a veces se considera necesario someter a prisión a gentes cuyas acciones son sospechosas. En estos casos puede suspenderse el derecho de *habeas corpus.*

5. El Congreso no puede aprobar una ley *ex post facto.* Una ley *ex post facto* es la que cambia la pena para una ofensa después de que ésta se ha cometido o la que hace punible una ofensa que no lo era al momento de cometerla. Una ley *ex post facto* altera la situación legal de la persona acusada. No se podrá nunca aprobar una ley de esta naturaleza en los Estados Unidos.

6. El Congreso no puede aprobar una ley de proscripción, que es una medida que aplica un castigo sin un juicio civil ordinario. Esta ley existió en algunos países europeos. Bajo esta ley también, las personas convictas de determinados delitos graves eran despojadas de todos sus derechos civiles. No podían heredar propiedades ni legarlas a sus hijos. Se decía que su sangre estaba "deshonrada" o manchada por la deshonra.

PROHIBICIONES A LOS ESTADOS

Cada uno de los cincuenta estados de la Unión tiene su propia constitución y su legislatura para hacer los leyes para la población de ese estado. La Constitución de los Estados Unidos ha impuesto ciertas prohibiciones a los estados, principalmente para evitar que aprueben leyes concernientes a asuntos del gobierno nacional.

1.	Ningún estado puede declarar la guerra; solamente el Congreso puede hacerlo. Sin embargo, si un estado es invadido, puede defenderse.

2.	Ningún estado puede emitir su propia moneda.

3.	Ningún estado puede celebrar tratados con otros estados o con países extranjeros.

4.	Ningún estado puede aplicar impuestos a bienes importados o exportados.

5.	Ningún estado puede conceder títulos nobiliarios.

DELEGACION DE LAS FUNCIONES DE GOBIERNO

El gobierno nacional nos proporciona, protección militar, libertad personal y derechos uniformes de ciudadanía y mantiene el servicio postal.

El gobierno estatal nos dá muchas instituciones estatales, privilegios educativos, carreteras estatales, servicio de agua, reglamentaciones de seguro, reglamentaciones ferroviarias y la protección de los animales de caza.

El condado nos dá los reglamentos sobre impuestos, instituciones para el cuidado de los enfermos y de los desposeídos y ayuda para las viudas y los huérfanos. La ciudad nos dá protección policiaca y contra el fuego, mejoramiento de las calles y acomodo para las escuelas.

PREGUNTAS

1.	P.	¿Con qué deben de estar de acuerdo todas las leyes de los Estados Unidos?

	R.	Todas las leyes deben de estar de acuerdo con los principios de la Constitución de los Estados Unidos.

2.	P.	¿Qué significa el veto?

	R.	Veto significa rehusar la aprobación; prohibir.

3.	P.	¿De cuántas maneras puede un proyecto convertirse en ley?

	R.	Los proyectos se convierten en leyes de tres maneras: por el voto mayoritario de ambas Casas del Congreso y la firma del Presidente; por una mayoría de dos tercios de los votos de ambas casas del Congreso, a pesar del veto del Presidente; por la retención del proyecto por el Presidente durante diez días (exceptuando los domingos).

4. P. ¿Pueden cambiarse las leyes de los Estados Unidos?

R. Todas las leyes aprobadas por el Congreso pueden ser cambiadas o anuladas por el Congreso.

5. P. ¿De dónde recibe el Congreso su poder?

R. El Congreso recibe sus poderes del pueblo a través de la Constitución de los Estados Unidos.

6. P. ¿Cuáles son algunos de los poderes importantes del Congreso?

R. El Congreso puede declarar la guerra, establecer y mantener oficinas de correos, establecer cortes, emitir moneda, conceder patentes y derechos de autor, recaudar dinero para los gastos nacionales, y hacer leyes para la naturalización de los extranjeros.

7. P. ¿Qué es el Distrito de Columbia?

R. El Distrito de Columbia es una porción de terreno apartado por el Congreso para que sea el asiento del gobierno de los Estados Unidos. En él está situada la ciudad de Washington.

8. P. ¿Qué es una prohibición?

R. Una prohibición es lo que está vedado por la ley.

9. P. ¿Cuáles son algunas de las cosas que la Constitución le prohibe hacer al Congreso?

R. El Congreso no puede aplicar impuestos sobre las exportaciones; no puede suspender el derecho de *habeas corpus,* excepto en tiempo de guerra; no puede aprobar una ley de *ex post facto,* ni tampoco puede aprobar una ley de proscripción.

10. P. ¿Qué es un auto de *habeas corpus*?

R. El auto de *habeas corpus* es una garantía de libertad personal. Significa que no se puede someter a nadie a prisión sin un juicio previo.

11. P. ¿Qué es una ley *ex post facto*?

R. Una ley *ex post facto* es la que cambia la pena de una ofensa después de que ésta ha sido cometida. Está terminantemente prohibido por la Constitución.

12. P. ¿Qué es una ley de proscripción?

R. La ley de proscripción es la que impone un castigo sin un juicio judicial ordinario. Hace tiempo, en algunos países, la ley de proscripción despojaba a ciertas personas convictas de sus derechos civiles y les impedía heredar o legar propiedades.

13. P. ¿Cuáles son algunas de las prohibiciones a los estados?

R. Los estados no pueden declarar la guerra, no pueden emitir dinero, no pueden conceder títulos de nobleza ni hacer tratados.

14. P. Tenemos un gobierno Federal para gobernar a la totalidad de los Estados Unidos. Tenemos también cincuenta gobiernos estatales. ¿Por qué no puede el Congreso hacer todas las leyes y hacer a un lado los gobiernos estatales?

R. Algunas leyes y reglamentos deben ser iguales para todos los estados: los reglamentos postales, el valor de las monedas, el número de años de residencia que se requieren para que un extranjero se haga ciudadano, las leyes Federales del Impuesto sobre los Ingresos y muchas otras que deben aplicarse a todas las gentes.

Hay otras leyes y reglamentos que son necesarias o deseables en algunos estados pero no en otros. Por ejemplo, los estados costeros necesitan leyes de puertos que serían inútiles en los estados interiores; los estados con minas y los que tienen bosques necesitan leyes que no son necesarias en los estados que no cuentan con estos recursos; las gentes de diversos estados difieren en sus conceptos de lo que desean en las leyes que regulan el matrimonio y el divorcio. Los authores de la Constitución muy sabiamente establecieron que estos asuntos se dejaran a los gobiernos estatales, siempre que todas las leyes que hicieran estuvieran de acuerdo con los principios de la Constitución Federal.

15. P. ¿Cuáles son algunas de las cosas que hace por nosotros el Gobierno Nacional?

R. El gobierno nacional nos proporciona las leyes de naturalización, pasaportes, protección militar, libertad personal y mantiene el servicio postal.

16. P. ¿Qué nos proporciona el estado?

R. El estado nos dá muchas instituciones estatales, privilegios educativos, carreteras estatales, reglamentos de seguros y de ferrocarriles y protección de los animales de caza.

17. P. ¿Qué nos dá el condado?

R. El condado nos da instituciones para el cuidado de los enfermos y de los desposeídos, ayuda para viudas y huérfanos y reglamentos de impuestos.

18. P. ¿Qué nos da la ciudad?

R. La ciudad nos da protección policiaca y contra el fuego, mejoramiento de las calles, parques recreativos y para juegos y acomodo para las escuelas.

LECCION X — LOS PODERES DEL SENADO Y DE LA CASA DE REPRESENTANTES SEPARADAMENTE

Todas las leyes de los Estados Unidos son hechas por el Senado y la Casa de Representantes trabajando conjuntamente. Cada casa tiene, además, ciertos poderes que no le son dados a la otra.

EL SENADO

Muchos de los funcionarios importantes son nombrados por el Presidente pero con el consentimiento del Senado. Entre estos funcionarios se encuentran los miembros del Gabinete y los jueces de todas las cortes de los Estados Unidos.

También los embajadores y los cónsules en los países extranjeros son nombrados por el Presidente con el consentimiento del Senado. Los embajadores representan a nuestro país en sus relaciones diplomáticas con los gobiernos de otros países importantes. Los cónsules protegen a los ciudadanos americanos y promueven los intereses de nuestro comercio con los países extranjeros. Muchos países extranjeros envían a sus embajadores a Washington. Los cónsules extranjeros están radicados en Seattle, San Francisco, Los Angeles, New York y otras ciudades importantes.

Entre los países que tienen cónsules en San Francisco y en Los Angeles se encuentran Australia, Bélgica, China, Dinamarca, Finlandia, Grecia, Gran Bretaña, India, la República de Irlanda, Japón, Corea, México, Holanda, Noruega, Panamá, Portugal, Las Filipinas, Rusia, España, Suecia, Suiza, Francia y los países de Centro y de Sur America.

Los tratados con los países extranjeros los celebra el Presidente con el consentimiento del Senado. Después del término de la Primera Guerra Mundial, el Presidente Wilson recomendó que los Estados Unidos firmaran el convenio internacional conocido como la Liga de las Naciones, pero el Senado no dió su consentimiento.

LA CASA DE REPRESENTANTES

La Casa de Representantes tiene el poder de dar origen a los proyectos de ley para la recaudación de fondos. Puesto que los Representantes representan directamente al pueblo, es ciertamente justo que el poder para dar origen a las medidas que se refieran a los impuestos, se le hayan dado. El Senado debe votar sobre las leyes que se refieran a recaudación de fondos, al igual que con los demás proyectos de ley.

La Constitución establece que determinados funcionarios Federales pueden ser recusados. Entre estos funcionarios están el Presidente, el Vicepresidente y los jueces Federales. Esto significa acusar oficialmente a un funcionario de obrar mal. En el caso de funcionarios de los Estados Unidos, la Casa de Representantes presenta la acusación y el Senado es quien juzga.

El Juez R. W. Archbald, Juez Asociado de la Corte de Comercio de los Estados Unidos, fué recusado el 11 de julio de 1912. Se le acusó de aceptar sobornos de ciertos propietarios de minas y de funcionarios ferrocarrileros. El Senado lo declaró culpable y se le destituyó. Estos casos son muy raros en nuestra nación.

Andrew Johnson, quien fué Presidente de los Estados Unidos, después de la muerte de Abraham Lincoln, fué el único Presidente de los Estados Unidos en ser recusado. El Presidente Johnson tuvo problemas con el Congreso porque destituyó a un miembro del Gabinete sin el consentimiento del Senado. Fué acusado y sometido a juicio, pero faltó un voto de los dos tercios necesarios para condenarlo y fué absuelto. Si se le hubiera declarado culpable, hubiera quedado descalificado para desempeñar cualquier puesto de confianza o de honor en este país.

Generalmente, el Vicepresidente de los Estados Unidos preside el Senado. Sin embargo, cuando se trata de juzgar a un Presidente no lo preside el Vicepresidente pues se considera que puede estar predispuesto. La Constitución establece que cuando se esté juzgando a un Presidente, el Juez Supremo de los Estados Unidos es quien debe presidir el Senado.

PREGUNTAS

1. P. ¿Qué poderes tiene el Senado que no tiene la Casa de Representantes?

   R. El Presidente debe tener el consentimiento del Senado para nombrar a miembros del Gabinete, a jueces de las Cortes de los Estados Unidos y a embajadores y cónsules en el extranjero; el Presidente debe tener el consentimiento del Senado para celebrar tratados; el Senado juzga en los casos de recusamiento de funcionarios; el Senado tiene el poder de elegir al Vicepresidente de los Estados Unidos en el caso de que los electores presidenciales no hayan elegido uno.

2. P. ¿Qué poderes tiene la Casa de Representantes?

   R. La Casa de Representantes da orígen a todos los proyectos de ley que se refieran a la recaudación de fondos; recusa a los funcionarios de los Estados Unidos; la Casa de Representantes elige al Presidente de los Estados Unidos si los electores Presidenciales no lo hacen.

3. P. ¿Qué significa recusar?

   R. Significa acusar oficialmente a un funcionario de obrar mal.

4. P. ¿Qué Presidente fué recusado?

   R. Andrew Johnson, quien fué Presidente después de la muerte de Lincoln, fué recusado. Fué absuelto. El Senado lo absolvio por un voto. En 1974 el presidente Nixon resignó para evitar una recusación que habriá estado cara en tiempo y dinero para el país.

5. P. ¿Qué pena se aplica a un funcionario recusado si se le declara culpable?

   R. Se le destituye y no puede volver a desempeñar ningún cargo público. Si ha cometido un crimen, puede ser juzgado en las cortes comunes.

6. P. ¿Quién preside normalmente el Senado?

   R. Normalmente, el Vicepresidente preside el Senado.

7. P. ¿Quién preside el Senado cuando el Vicepresidente se hace cargo de la Presidencia de los Estados Unidos?

   R. El Presidente *pro tempore* del Senado, lo preside mientras se nombra un nuevo Vicepresidente.

8. P. Cuando el Vicepresidente se hace cargo de la Presidencia ¿quién se hace cargo de la Vicepresidencia?

   R. La persona nombrada por el Presidente y confirmada por ambas Casas del Congreso.

9. P. ¿Quién preside el Senado cuando se juzga al Presidente?

   R. El Juez Mayor de la Corte Suprema de los Estados Unidos, pues se considera que el Vicepresidente puede estar predispuesto a su favor.

LECCION XI
LA RAMA EJECUTIVA DEL GOBIERNO NACIONAL

La rama ejecutiva del gobierno es la rama encargada de la aplicación de las leyes. El Jefe del Ejecutivo de los Estados Unidos es el Presidente. Su período tiene una duración de cuatro años. El Presidente debe tener cuando menos treinticinco años de edad al momento de ser elegido. Ningún ciudadano naturalizado puede ser Presidente o Vicepresidente. La Constitución establece que ambos deben ser ciudadanos por nacimiento. Los ciudadanos naturalizados pueden ser elegidos para desempeñar cualquiera de los demás puestos de gobierno de los Estados Unidos.

Si el Presidente muere, renuncia o se encuentra incapacitado por cualquier otra razón para continuar en su cargo, el Vicepresidente se hace cargo de la Presidencia. Si tanto el Presidente como el Vicepresidente se encuentran imposibilitados para desempeñar el cargo de Presidente, el Vocero de la Casa de Representantes se hace cargo de la Presidencia. Después del Vocero, en la línea de sucesión están el Presidente *pro tempore* del Senado, el Secretario de Estado, el Secretario del Tesoro y otros miembros del Gabinete según su orden. Si alguno de los miembros del Gabinete fuera un ciudadano naturalizado, esto lo descalificaría automáticamente para ocupar el puesto de Presidente y este pasaria al siguiente en el orden. Henry Kissinger, el Secretario de Estado de los Presidentes Nixon y Ford, es un ciudadano naturalizado y por eso es inelegible para ocupar la Presidencia.

El Presidente tiene muchos poderes y deberes importantes. Entre ellos están los siguientes; se ocupa de la aplicación de las leyes; firma o veta proyectos de ley que le envía el Congreso; es Comandante en Jefe del Ejército y de la Armada de los Estados Unidos; concede perdones, suspensiones y conmuta las penas por ofensas contra la leyes de los Estados Unidos; presenta un mensaje anual ante el Congreso exponiendo lo que cree son las necesidades del país; convoca al Congreso a sesiones especiales cuando lo considera necesario; llena las vacantes de determinados puestos; con el consentimiento del Senado celebra tratados y nombra embajadores y cónsules en los países extranjeros, nombra a los miembros del Gabinete y a los jueces de las Cortes de los Estados Unidos.

El pueblo elige al Presidente en forma indirecta, emitiendo sus votos a favor de electores Presidenciales, quienes son los que eligen al Presidente. El número de electores Presidenciales que corresponden a cada estado es igual al número de Representantes de ese estado más el número de Senadores. En 1988 California tendra 45 Representantes y 2 Senadores. Por lo tanto, California tendra derecho a 47 electores Presidenciales. (Los electores Presidenciales no son miembros del Congreso. Son hombres y mujeres elegidos exclusivamente para ser electores Presidenciales.)

Se elige a los electores Presidenciales el primer martes después del primer lunes del mes de noviembre de cada cuatro años. Los partidos políticos celebran sus convenciones nacionales para nombrar a sus candidatos a Presidente y Vicepresidente durante el verano anterior a las elecciones de noviembre.

La persona que quiere votar por el Presidente, emite su voto a favor de los electores que su partido político ha nombrado. Estos electores están obligados a votar por el candidato nombrado para la Presidencia, en la convención nacional de su partido, algunos meses antes. Un votante Californiano que está a favor del candidato Republicano vota en la elección que ocurre en Noviembre por los electores Republicanos; un votante que está a favor del candidato Demócrato vota por los electores Demócratos.

Puesto que los electores Presidenciales están comprometidos a votar por los candidatos de su partido, se sabe casi inmediatamente después de su elección si alguno de los candidatos tiene mayoría. Pero de hecho, la elección se efectúa hasta el mes siguiente. El lunes siguiente al segundo miércoles del mes de diciembre siguiente a la elección de noviembre, se reúnen los electores Presidenciales en la capital de su estado y emiten sus votos para Presidente y Vicepresidente. Hacen tres listas de los votos emitidos: una se envía al Congreso por mensajero, otra por correo y la tercera se deposita ante el juez de la corte de Estados Unidos más cercana. Esto se hace con el fin de obtener una seguridad y precisión absolutas del registro.

El Presidente del Senado, en presencia del Senado y de la Casa de Representantes, abre las listas y se cuentan los votos. Si cualquiera de los candidatos tiene mayoría se le declara electo. Por lo general un candidato siempre tiene mayoría. Si ninguno obtiene mayoría, la Casa de Representantes elige al Presidente entre los dos o tres que tengan más votos. Cuando la Casa de Representantes vota para Presidente, la votación es por estados, teniendo la representación de cada estado un sólo voto.

En 1800 ninguno de los candidatos tuvo mayoría. La Casa de Representantes tuvo que decidir entre John Adams, Thomas Jefferson y Aaron Burr para Presidente. Thomas Jefferson fué elegido. En 1824 la Casa de Representantes tuvo que decidir entre John Quincy Adams y Andrew Jackson y Adams fué elegido. Una Comisión Electoral nombrada por el Congreso decidió la discutida elección de 1876, votando a favor de Rutherford B. Hayes. Su opositor era Samuel J. Tilden. El punto a discusión era el de votación ilegal en uno de los estados del sur.

Anteriormente el Presidente tomaba posesión el cuarto día de marzo después de su elección. La Enmienda 20 de la Constitución cambió la fecha al 20 de Enero.

PREGUNTAS

1. P. ¿Quién es el Jefe del Ejecutivo de los Estados Unidos?

   R. El Presidente es el Jefe del Ejecutivo. Su período dura cuatro años.

2. P. ¿Cuáles son los requisitos para ser Presidente?

   R. Ser ciudadano por nacimiento, tener cuando menos treintaicinco años de edad y ser residente de los Estados Unidos durante los catorce años anteriores a su elección.

3. P. ¿Cuáles son algunos de los poderes y obligaciones del Presidente?

   R. Firma y veta proyectos de ley; es Comandante en Jefe del Ejército y de la Armada; presenta un mensaje anual ante el Congreso; con el consentimiento del Senado celebra tratados y nombra a determinados funcionarios.

4. P. ¿Cómo se elige al Presidente?

   R. El pueblo elige al Presidente, pero no directamente. El pueblo elige electores Presidenciales y estos eligen al Presidente.

5. P. ¿Cuántos electores Presidenciales tiene un estado?

   R. El número de los electores Presidenciales de un estado, es igual al número de Representantes de ese estado más el número de Senadores. California tiene 45 electores Presidenciales, Washington tiene 9, New York tiene 41, Nevada y Alaska tienen 3 cada uno. Los miembros del Congreso no pueden ser electores Presidenciales.

6. P. ¿Cuál es el número total de electores Presidenciales?

   R. Puesto que hay 435 Representantes, 100 Senadores y 3 Electores del Distrito de Columbia, hay un total de 538 electores Presidenciales. Generalmente se habla del número total de los electores Presidenciales como Colegio Electoral.

7. P. ¿Cuándo se elige al Presidente?

   R. Se escoge a los electores Presidenciales durante el mes de noviembre de cada cuatro años. Estos electores se reúnen en la capital de su estado en diciembre y eligen al Presidente. Para resultar electo se requiere la simple mayoría de los 538 electores Presidenciales.

8. P. ¿Quién elige al Presidente si los electores Presidenciales no lo eligen?

   R. En ese caso la Casa de Representantes debe elegir al Presidente. La representación de cada estado tiene un voto.

9. P. ¿Qué Presidentes fueron elegidos por la Casa de Representantes?

   R. Thomas Jefferson y John Quincy Adams fueron elegidos por la Casa de Representantes. La discutida elección de 1876, fué decidida por una Comisión Electoral nombrada por el Congreso, quien declaró Presidente a Rutherford B. Hayes.

10. P. ¿Cómo se selecciona a los candidatos a electores Presidenciales?

R. Los partidos políticos tales como los Republicanos, los Demócratas, los Socialistas y los Prohibicionistas forman organizaciones estatales, y los jefes de estas organizaciones seleccionan a los hombres y mujeres por quienes los votantes emitirán sus votos.

11. P. ¿Cuál es el orden actual de sucesión a la Presidencia?

R. Presidente, Vicepresidente, Vocero de la Casa de Representantes, Presidente *pro tempore* del Senado, Secretario de Estado, Secretario del Tesoro y otros miembros del Gabinete, siempre que reúnan los requisitos necesarios.

LECCION XII—EL GABINETE PRESIDENCIAL

El Gabinete es un cuerpo de consejeros oficiales nombrados por el Presidente, con el consentimiento del Senado, para ayudar en el trabajo ejecutivo del gobierno de los Estados Unidos. Hay 13 departamentos en el Gabinete, la mayoría de ellos con varias divisiones llamadas Bureaus. Los jefes de departamento son los principales consejeros del Presidente. En la lista siguiente aparecen los funcionarios del Gabinete en el orden de sucesión a la Presidencia, si resultan elegibles:

I. Secretario de Estado
II. Secretario del Tesoro
III. Secretario de la Defensa
IV. Procurador General
V. Secretario del Interior
VI. Secretario de Agricultura
VII. Secretario de Comercio
VIII. Secretario de Trabajo
IX. Secretario de Salubridad y Bienstar
X. Secretario de Desarrollo Habitacional y Urbano
XI. Secretario de Transportes
XII. Secretario de Energíe
XIII. Secretario de Educación
XIV. Secretario de Asuntos de Veteranos

Los deberes de los miembros del Gabinette son los siguientes:

1. El Secretario de Estado tiene a su cargo las relaciones diplomáticas con los países extranjeros. El control de pasaportes y las relaciones con los cónsules y embajadores están comprendidos en su departamento.

2. El Secretario del Tesoro tiene a su cargo los asuntos financieros de los Estados Unidos. Su departamento incluye también el Bureau de Grabado e Impresión, el Control de la Casa de Moneda, el Servicio Secreto de los Estados Unidos, la Renta Interior (incluyendo el impuesto sobre el ingreso).

3. El Secretario de la Defensa Nacional es el jefe de un departamento que consolida los asuntos del Ejército, la Fuerza Aérea y la Armada (incluyendo a los Marines). Se han nonbrado tres Secretarios Adjuntos para encabezar estas divisones. Este departamento es responsable por unos dos y medio millones de hombres aproximadamente.

4. El Procurador General, a cuyo departamento se le llama frecuentemente Departamento de Justicia, es el abogado de los Estados Unidos. Es el consejero legal de los otros miembros del Gabinete. Tiene a su cargo las prisiones de los Estados Unidos; los Bureaus de Inmigración y de Naturalización están también incluídos en su departamento.

Anteriormente el puesto de Director General de Correos era parte del Gabinete.

Desde Julio de 1971 quedó descalificado bajo el Servicio Postal de los Estados Unidos.

5. El Secretario del Interior tiene a su cargo muchos asuntos importantes dentro de los Estados Unidos. Entre los departamentos a su cargo están el Bureau de Minas, la Oficina de Asuntos indígenas, el Servicio de Parques Nacionales y el Servicio de Caza y Pesca.

6. El Secretario de Agricultura tiene a su cargo el mejoramiento de las condiciones agrícolas. El Bureau de Suelos, el Bureau de Mercados, el Servicio Forestal, la Industria Lechera y la Cuarentena de Plantas, son algunas de las importantes divisiones de su departamento.

7. El Secretario de Comercio tiene a su cargo nuestras relaciones comerciales tanto domésticas como con el extranjero. Algunas de las divisiones a su cargo son el Bureau de Comercio Doméstico y Extranjero, el Bureau del Censo, la Oficina de Patentes, el Bureau de Caminos Públicos y el Bureau del Tiempo.

8. El Secretario del Trabajo tiene a su cargo los asuntos importantes relacionados con el Trabajo. En este departamento están incluídos el Bureau de Estadística del Trabajo y el de Derechos de Reempleo de los Veteranos.

9. El Secretario de Salubridad y Bienestar tiene a su cargo la Administracion del Seguro Social, el Bureau de Infancia y el Bureau de Mujeres y el Bureau de Salubridad.

10. El Secretario del Desarrollo Habitacional y Urbano supervisa y coordina a varias organizaciones relacionadas con la construcción y financiamiento de edificios habitacionales tales como la Administración Federal Habitacional (FHA) y la Asociación Hipotecaria Nacional Federal (FNMA).

11. El Secretario de Transportes supervisa y coordina las actividades de la Junta de Seguridad de Transportación Nacional, el Servicio de Guardacostas de los E.U., la Administración Federal de Aviación, la Administración de Caminos Federales, la Adminisración Federal de Ferrocarriles y la Corporación para el Desarrollo de la Vía Marítima de del San Lorenzo.

12. El Secretario de Energía vigila y coordina las actividades de estas agencias: Federal Energy Board, Energy Research and Development Administration, Federal Power Commission.

13. El Secretario de Educación coordina todas las agencias de Educación.

14. El Secretario de Asuntos de Veteranos coordina las diversas agencias de veteranos.

PREGUNTAS

1. P. ¿Qué es el Gabinete?

   R. El Gabinete es un cuerpo de consejeros que ayudan al Presidente en sus tareas ejecutivas.

2. P. ¿Cómo obtienen sus puestos los miembros del Gabinete?

R. Son nombrados por el Presidente con el consentimiento del Senado.

3. P. ¿Quién encabeza el Gabinete?

R. El Secretario de Estado encabeza el Gabinete.

4. P. ¿Quién de los miembros del Gabinete tiene a su cargo la naturalización?

R. El Departamento de Justicia, a cargo del Procurador General tiene actualmente a su cargo el Bureau de Naturalización e Inmigración.

5. P. ¿Es necesario que un miembro del Gabinete sea ciudadano de los Estados Unidos, por nacimiento?

R. No es necesario. Un diudadano por naturalización puede ser miembro del Gabinete, pero no puede asumir la Presidencia.

LECCION XIII
LA RAMA JUDICIAL DEL GOBIERNO NACIONAL

Judicial significa interpretación o explicación de la ley. La rama judicial del gobierno de los Estados Unidos incluye a todas las Cortes de los Estados Unidos. A las cortes de los Estados Unidos se les denomina generalmente Cortes Federales.

La Constitución estableció la Suprema Corte de los Estados Unidos y le dió poder al Congreso para establecer cualquier otra corte que considera necesaria.

La Suprema Corte es la Corte Federal de más elevado rango. Está compuesta por nueve jueces. El juez que la encabeza es el Juez Principal y los otros son los Jueces Asociados. Los jueces son nombrados por el Presidente con la aprobación del Senado. El período de servicio es vitalicio o mientras demuestren buen comportamiento.

La Suprema Corte se reúne en el Edificio de la Suprema Corte en Washington D.C. Juzga únicamente los casos más importantes. Cualquier caso que se refiera a la Constitución de los Estados Unidos es juzgado en esta corte. Por ejemplo, si hay duda de que alguna ley esté de acuerdo con los principios de la Constitución, la Suprema Corte dará la decisión. Con frecuencia se presentan apelaciones de las Cortes de Apelación.

El Congreso ha establecido 11 Cortes de Circuito de Apelación. En el Noveno Circuito están comprendidos Montana, California, Arizona, Nevada, Oregon, Washington, Idaho, Alaska y Hawaii.

El Congreso ha establecido noventa y una Cortes de Distrito. Este número aumenta conforme aumenta la población. Las Cortes de Distrito tratan determinados casos como ofensas contra el Servicio Postal, contrabando de licores, casos que se refieren a leyes de los Estados Unidos y los que se refieren a soldados y marinos de los Estados Unidos. Si estos casos no son resueltos por la Corte de Distrito, pueden pasar a la Corte de Circuito de Apelaciones.

Además de las mencionadas anteriormente, existen otras cortes especiales, como por ejemplo: la Corte de Reclamaciones, la Corte de Apelaciones de Derechos y Patentes y la Cortes Territoriales.

PREGUNTAS

1. P. ¿Cuál es la rama Judicial del gobierno de los Estados Unidos?

    R. La rama Judicial del gobierno de los Estados Unidos comprende todas las Cortes de los Estados Unidos, a las que se les llama Cortes Federales.

2. P. ¿Cuál es la Corte Federal de más alto nivel?

R. La Suprema Corte es la Corte Federal de más alto nivel.

3. P. ¿Cómo está compuesta la Suprema Corte?

R. La Suprema Corte está compuesta de nueve miembros: un Juez Principal y ocho Jueces Asociados. Son nombrados por el Presidente con la aprobación del Senado y su período de servicio es vitalicio o mientras demuestren buena conducta, para que puedan tomar sus decisiones con toda libertad.

4. P. ¿Qué otras Cortes Federales hay?

R. Hay 11 Cortes de Circuito de Apelaciones y 91 Cortes de Distrito. Cuatro de éstas estan en California.

5. P. ¿En qué corte se juzgaría un caso relacionado con una oficina de correos?

R. Se juzgaría en la Corte de Distrito más cercana.

6. P. ¿Qué otras Cortes Federales especiales existen?

R. La Corte de Reclamaciones, la Corte de Apelaciones de Derechos y Patentes, las Cortes Territoriales y otras.

7. P. ¿Qué significa la palabra Federal?

R. Federal significa nacional. Un funcionario Federal es un funcionario de los Estados Unidos; un edificio Federal es un edificio de los Estados Unidos; una ley Federal es una ley de los Estados Unidos; el gobierno Federal es el gobierno de los Estados Unidos.

8. P. Si el Congreso aprueba una ley que no esté de acuerdo con alguno de los principios de la Constitución, ¿debe esa ley entrar en vigor?

R. Sí. Si existe alguna duda en cuanto a la constitucionalidad de la ley, puede presentarse una apelación ante la Suprema Corte de los Estados Unidos para que ésta decida. Hace algunos años hubo una fuerte oposición contra la ley NRA ("Aguila Azul"). Se presentó una apelación ante la Suprema Corte y ésta declaró que la ley era anticonstitucional.

9. P. ¿Por qué tiene el gobierno de los Estados Unidos tres ramas en vez de dar toda la responsabilidad a una sola rama?

R. Una rama con todos los poderes tendría demasiada responsabilidad y demasiada autoridad. Es más democrático el tener tres ramas. Cuando se tienen tres ramas, cada una de ellas actúa como un freno o un balance de las otras. Por ejemplo, cuando el Presidente vota un proyecto de ley, éste debe ser nuevamente estudiado cuidadosamente por el Congreso a la luz de sus objeciones, y es necesario contar con un mayoría de votos de dos terceras partes para que pueda ser aprobada. Así pues, la rama ejecutiva actúa como un freno sobre la rama legislativa. La Suprema Corte modera tanto a la rama ejecutiva como a la legislativa.

LECCION XIV — ENMIENDAS

La Constitución de los Estados Unidos es la ley suprema de la nación. Fué tan bien planeada desde un principio que muy pocos cambios, comparativamente, han sido necesarios. Los cambios que se le hacen a la Constitución se llaman enmiendas. Las enmiendas se hacen en una forma similar a como se hacen las leyes, pero no requieren de la firma del Presidente. En vez de ésto, tienen que ser aprobadas por las legislaturas de los estados.

La forma común de hacer una enmienda es la siguiente:

"Una enmienda debe ser aprobada por las dos Casas del Congreso por una mayoría de votos de dos terceras partes. Después, debe ser ratificada por las legislaturas de tres cuartas partes de los estados".

Las enmiendas también pueden ser propuestas por una convención convocada por el Congreso a solicitud de los estados; pero este sistema nunca se ha usado.

El Congreso ha aprobado veintiseis enmiendas que han sido aprobadas por los estados. Las primeras diez enmiendas fueron aprobadas en 1791. Estas diez enmiendas se conocen con el nombre de "Ley de Derechos".

El contenido de las enmiendas a la Constitución es el siguiente:

La enmienda I garantiza la libertad de expersión, la libertad de religión y la libertad de prensa. Las enmiendas II a la X garantizan otros derechos del pueblo, tales como el derecho de juicio justo y expedito; el derecho de ser juzgado por un jurado; el derecho a otorgar fianza; el derecho de seguridad en el hogar.

La enmienda XI define la autoridad del departamento judicial de los Estados Unidos en relación con juicios contra los estados. Le enmienda XII indica la forma de elegir al Presidente. Las enmiendas XIII, XIV y XV fueron resultado de la Guerra Civil. La enmienda XIII prohibe la esclavitud. La enmienda XIV da la ciudadanía a los antiguos esclavos, define lo que es la ciudadanía y fija las penas por despojar a los ciudadanos de sus derechos de ciudadanía. La enmienda XV da a los esclavos y a sus descendientes el derecho de votar. La enmienda XVI da al Congreso el poder de aplicar impuestos sobre la renta. La enmienda XVII da al pueblo el derecho de elegir a los Senadores. Anteriormente, los Senadores eran elegidos por las legislaturas de los estados. La enmienda XVIII estableció la Prohibición Nacional. La enmienda XIX concede el voto a las mujeres.

La enmienda XX establece que el Presidente debe tomar posesión de su cargo el 20 de enero, en vez del 4 de marzo; que el Congreso se debe reunir el 3 de enero en vez del primer lunes de diciembre; que las funciones de los miembros del Congreso deben comenzar el 3 de enero; que si el Presidente electo muere, el Vicepresidente electo asume la Presidencia.

La enmienda XXI revoca la Prohibición Nacional.

La enmienda XXII establece que el Presidente no puede ser elegido para más de dos períodos.

La enmienda XXIII, ratificada en Marzo de 1961, permite por primera vez a los ciudadanos del Distrito de Columbia, votar para Presidente y Vicepresidente en las elecciones Nacionales. Se le concedieron al Distrito tres votos en el Colegio Electoral pero continúa sin representación en el Congreso.

La enmienda XXIV fué ratificada por las tres cuartas partes de los Estados el 23 de Enero de 1964. Elimina los impuestos de votación y cualquier otro impuesto sobre las elecciones de Presidente, Vicepresidente, Senadores o Representantes en el Congreso.

La enmienda XXV, ratificada el 10 de Febrero de 1967, trata de los problemas de la sucesión Presidencial y de la Vicepresidencia y de la incapacidad del Presidente.

La enmienda XXVI, ratificada el 30 de Junio de 1971, concede el derecho de votar a los 18 años de edad.

PREGUNTAS

1. P. ¿Qué es una enmienda?

   R. Una enmienda es un cambio en la Constitución o una adición a la misma.

2. P. ¿Cómo se hace una enmienda?

   R. Una enmienda debe ser aprobada por las dos Casas del Congreso por una mayoría de dos tercios de votos y posteriormente debe ser ratificada por las legislaturas de tres cuartas partes de los estados.

3. P. ¿En qué otra forma se puede hacer una enmienda?

   R. A solicitud de las legislaturas de dos terceras partes de los estados, el Congreso convoca a una convención para presentar la enmienda. Cualquier enmienda debe ser ratificada por los estados en la forma usual. Este sistema no ha sido usado jamás.

4. P. ¿Firma el Presidente las enmiendas?

   R. El Presidente no firma ni veta las enmiendas. No se le someten.

5. P. ¿Cuántas enmiendas se han hecho a la Constitución?

   R. Se le han hecho 26 enmiendas. La enmienda XXVI fué ratificada el 30 de Junio de 1971.

6. P. ¿Qué nombre se le da a las primeras diez enmiendas?

   R. A las primeras diez enmiendas se les da el nombre de Ley de Derechos. Salvaguardan nuestros derechos inherentes al prohibirle al Congreso aprobar leyes que eliminen o coarten estos derechos. Nos garantizan la libertad de expresión, libertad de religión, libertad de prensa, libertad de asociación pacífica y de petición, el derecho de seguridad en el hogar, el derecho a un juicio por jurado, y otros derechos esenciales.

LECCION XV – LA RAMA LEGISLATIVA DEL ESTADO

Así como la Constitución de los Estados Unidos es la "ley suprema de los Estados Unidos", así también cada uno de los cincuenta estados tiene su propia constitución que es la ley suprema de ese estado en lo particular. La única restricción a las constituciones de los estados es que no deben estar en conflicto con la Constitución de los Estados Unidos. El gobierno de los estados es similar al gobierno nacional en que también tienen tres ramas generales de gobierno. Estas son la rama legislativa (para hacer las leyes), la rama ejecutiva (para aplicar las leyes) y la rama judicial (para interpretar y explicar las leyes).

La rama que hace las leyes, o rama legislativa del gobierno del estado recibe generalmente el nombre de legislatura del estado o asamblea del estado. En todos los estados, con excepción de Nebraska, la legislatura del estado está dividida en dos grupos o "casas". A la casa superior se le denomina generalmente Senado y a los miembros de esa casa se les denomina Senadores estatales y se les elige para un período de cuatro años. Los miembros de la casa inferior, conocida generalmente como Casa de Representantes Estatales, o Asamblea Estatal, desempeñan sus funciones durante un período de dos años.

Desde 1934, la legislatura de Nebraska ha contado con una sola casa compuesta de cuarenta y tres miembros llamados "legisladores". Esto se conoce como una legislatura *unicamaral* lo que significa que está compuesta por "una sola cámara".

Cualquier legislador que desea hacer una nueva ley, presenta su proposición a la casa a la cual pertenece. Esta proposición se conoce como "proyecto". Si el proyecto es aprobado por la casa ante la cual se presenta, pasa a la otra casa para su aprobación. Después de ser aprobada por ambas casas, se le presenta al gobernador del estado para su firma. En todos los estados, con excepción de North Carolina, el gobernador puede vetar el proyecto (lo que significa que no está de acuerdo con él). Si el gobernador veta el proyecto o se niega a firmarlo, el proyecto no se convierte en ley a no ser que los legisladores vuelvan a votar sobre el proyecto y decidan aporbarlo sin la aprobación del gobernador. La mayor parte de los estados exigen una votación de dos terceras partes de los miembros de cada una de las casas de la legislatura para que el proyecto sea aprobado como ley, después de que el gobernador haya vetado el proyecto.

PREGUNTAS

1. P. ¿Cuál es la rama legislativa del estado?

   R. La rama legislativa del estado es la Legislatura Estatal o Asamblea Estatal.

2. P. ¿Cuáles son las decisiones de la Legislatura Estatal?

R. La mayor parte de las Legislaturas Estatales están divididas en dos casas: el Senado Estatal y la Asamblea o Casa Estatal de Representantes.

3. P. ¿En qué forma hace las leyes la Legislatura Estatal?

R. Las leyes estatales son hechas por la Legislatura en la misma forma que las leyes nacionales son hechas por el Congreso. En el estado, el Gobernador hace las veces de Presidente.

LECCION XVI — LA RAMA EJECUTIVA DEL ESTADO

El Jefe del Ejecutivo del estado es el Gobernador, quien es elegido por los votantes. Sus poderes y deberes corresponden a los del Presidente de los Estados Unidos. El Gobernador tiene a su cargo la aplicación de las leyes, firma o veta los proyectos de ley, nombra a determinados funcionarios y miembros de juntas de administración, concede perdones, suspensions y conmutaciones, puede convocar a sesiones especiales de la legislatura y es Comandante en Jefe de las fuerzas armadas del estado.

Un Teniente de Gobernador, correspondiente al Vicepresidente de los Estados Unidos, también es elegido por los votantes. El preside al Senado Estatal y asume el puesto de Gobernador cuando ésto es necesario.

Otros funcionarios estatales que generalmente son elegidos por el pueblo, incluyen al Secretario de Estado, al Tesorero del Estado, al Procurador General del Estado, al Contador General del Estado o Auditor y al Superintendente Estatal de Escuelas.

En muchos de los estados, incluyendo a California, los funcionarios estatales son elegidos para períodos de cuatro años. Sin embargo en algunos estados, lo son para períodos de dos años.

En la mayoría de los estados existe en grupo que corresponde al Gabinete Presidencial y que ayuda al Gobernador a tomar las decisiones de importancia para el estado y para el pueblo. Este grupo está compuesto por los jefes de los departamentos importantes del estado. Por lo general, los miembros de este grupo son nombrados por el Gobernador y los cambios dentro del mismo son más frecuentes que en el Gabinete Presidencial. En California a este grupo se le denomina Concejo del Gobernador.

La Rama Ejecutiva del Gobierno del Estado también incluye algunas juntas, comisiones o departamentos con funciones y poderes específicos. Por lo general, los miembros de estos grupos son nombrados por el Gobernador pero en algunos casos son elegidos por los votantes.

Un ejemplo típico de las Comisiones o Juntas Estatales son las siguientes: Junta de Salud, Junta de Educación, Junta de Directores de Prisiones, Comisión de Impuestos Estatales, Departamento de Bienestar Social, Departamento de Finanzas, Comisión Estatal de Aeronáutica y Junta de Personal.

En California, la Junta Estatal de Ecualización, que está compuesta de cuatro miembros, es elegida por los votantes cada cuatro años. Cada miembro es seleccionado de cada uno de cuatro distritos dentro del estado por los votantes que residen en ese distrito.

PREGUNTAS

1. P. ¿Quién es el Jefe del Ejecutivo del Estado?

R. El Gobernador es el Jefe del Ejecutivo. Sus poderes y deberes corresponden a los del Presidente de los Estados Unidos. En California, su periodo es de cuatro años.

2. P. ¿Qué funcionario corresponde al Vicepresidente?

R. El Teniente de Gobernador. El es el funcionario que preside el Senado del Estado.

3. P. ¿Qué es el Concejo del Gobernador?

R. El Concejo del Gobernador está compuesto por los jefes de los departamentos estatales importantes, la mayoría de los cuales son nombrados por el Gobernador. El Concejo corresponde al Gabinete Presidencial.

4. P. Nombre algunos otros Funcionarios Estatales que generalmente son elegidos.

R. El Secretario de Estado, el Tesorero del Estado, el Procurador General del Estado, el Contador o Auditor del Estado y el Superintendente Estatal de Escuelas.

5. P. ¿Cuáles son algunas de las Juntas, Comisiones o Departamentos típicos que forman parte del Departamento Ejecutivo del Gobierno Estatal?

R. Junta de Salud, Junta de Educación, Junta de Directores de Prisiones, Comisión de Impuestos Estatales, Departamento de Bienestar Social, Departamento de Finanzas, Comisión Estatal de Aeronáutica y Junta Estatal de Personal.

LECCION XVII – LA RAMA JUDICIAL DEL ESTADO

La Rama Judicial de California comprende las cortes estatales, las cortes condales y las cortes de las ciudades, de las villas y de los municipios.

La corte de nivel más elevado es la Suprema Corte del Estado, que está compuesta por siete jueces: un Juez Principal y seis Jueces Asociados. Estos jueces son elegidos por el pueblo para períodos de doce años. Ellos juzgan los casos más importantes en el estado, incluyendo todos los casos que se refieran a la constitución del estado. La Suprema Corte también juzga casos que han sido materia de apelación en las cortes inferiores.

Después de la Suprema Corte están las 13 Cortes de Apelación, divididas entre cinco distritos de Apelación. Cuatro de éstas se encuentran en San Francisco, cinco en Los Angeles, teniendo Sacramento, Fresno, San Diego y San Bernardino, una cada uno. Estas cortes tratan principalmente las apelaciones de las Cortes Superiores.

Cada condado del estado tiene una Corte Superior. La Corte Superior es la corte del condado. Los condados que tienen una población numerosa por lo general tienen varios departamentos en la Corte Superior. Los jueces de la Corte Superior son elegidos por el pueblo y desempeñan su cargo por períodos de seis años. La mayor parte de los casos comunes son juzgados en la Corte Superior, con excepción de casos de poca importancia que pueden resolverse en las cortes inferiores.

Entre los casos que frecuentemente se juzgan en la Corte Superior están: divorcios, casos que se refieren a tierras, dinero ú otras propiedades; robos, desfalcos, asesinatos, asaltos graves y muchos otros.

El 1 de Enero de 1952 entró en vigor una reorganización de cortes locales. Las ciudades grandes, o combinaciones de comunidades de cierto tamaño, tienen Cortes Municipales. Comunidades más pequeñas o sus combinaciones, tienen Cortes de Justicia. En estas cortes por lo general se juzgan y se resuelven casos de poca importancia tales como perturbación del orden público, embriaguez, vagancia, exceso de velocidad en automóviles, infracción de reglamentos locales y casos relacionados con propiedad de poca monta.

Los juicios preliminares para ofensas más graves, tales como asesinato y robo, se llevan también a cabo en las cortes locales. Si el caso lo amerita, la persona acusada es "transladada" para ser juzgada en la Corte Superior y, o se le deja en libertad bajo fianza, o se le confina en la carcel del candado hasta que se celebre su juicio.

No hay parte alguna de los Estados Unidos, así sea el punto más remoto en las montañas o en la selva, que no esté bajo la jurisdicción de alguna corte. El departamento Judicial de nuestro gobierno extiende su protección a todos.

PREGUNTAS

1. P. ¿Cuál es la rama Judicial del estado?

   R. La rama Judicial comprende todas las cortes.

2. P. ¿Cuál es la corte de nivel más elevado en el Estado de California?

   R. La Corte de nivel más elevado es la Suprema Corte del Estado, que está compuesta por un Juez Principal y seis Jueces Asociados, quienes son elegidos por el pueblo para desempeñar sus funciones por períodos de doce años.

3. P. ¿Cuáles son las cortes del condado?

   R. Cada condado en el estado tiene una Corte Superior.

4. P. ¿Qué cortes locales existen en California?

   R. Las ciudades o combinaciones de ciudades tienen Cortes Municipales. Las comunidades más pequeñas tienen Cortes de Justicia. El 1 de Enero de 1952 entró en vigor la nueva organización de estas cortes.

5. P. ¿Tiene California otras cortes estatales además de la Suprema Corte del Estado?

   R. Sí. California tiene 13 Cortes de Apelación.

6. P. ¿Cómo obtienen su puesto los jueces de las Cortes de Apelación?

   R. Los jueces de las Cortes de Apelación son elegidos por los votantes de los distritos en los cuales actúan. Su cargo tiene una duración de doce años.

Al terminar su período, el juez puede ser candidato nuevamente para el mismo puesto si así lo desea y si sigue los procedimientos adecuados para lograr su nombramiento como candidato. Los votantes votarán "SI" o "NO" por su candidatura.

Si un juez decide ser candidato para sucederse a sí mismo, no puede presentarse otro candidato en su contra. Si es rechazado por los votantes (una mayoría de votos "NO") el Gobernador nombra a otro juez para llenar esta vacante, mientras se efectúa la elección regular. Un juez que haya sido rechazado no puede ser candidato en la siguiente elección.

LECCION XVIII — EL GOBIERNO DEL CONDADO

Cada uno de los estados de los Estados Unidos está dividido en distritos más pequeños llamados "condados", con excepción del estado de Louisiana, en el que son llamadas "parroquias". En cada condado hay una población o ciudad en la cual está el centro del gobierno del condado, la cual recibe el nombre de "Sede del Condado".

El gobierno del condado lo lleva generalmente una Junta de Supervisores o una Junta de Comisionados del Condado. Los miembros de estas Juntas son elegidos por los votantes del condado para períodos que generalmente son de cuatro años. El número de los miembros de casi todas las juntas de los condados es impar, variando de 5 hasta 11 miembros.

Por lo general, los gobiernos de los condados reciben su poder y autoridad de la constitución del estado y se encargan de la aplicación de las leyes dentro del distrito que les corresponde. Se encargan de asuntos tales como servicios escolares, hospitalarios y de bienestar, construcción y mantenimiento de carreteras, asesoría y recaudación de impuestos, la aplicación de las leyes y muchas otras funciones. Los condados difieren de las ciudades en que éstas están más dedicadas a proporcionar servicios especiales, tales como los de policía, bomberos y de sanidad, para protección de las gentes que viven en las ciudades.

En los últimos años, algunos de los condados de mayor tamaño han adoptado el plan de contratar a un gerente o administrador del condado, cuyas obligaciones son similares a las del gerente de un negocio. Esta persona por lo general es nombrada y pagada por la junta del condado y desempeña sus funciones bajo la autoridad y el control de la junta. El se encarga de atender los deberes y problemas rutinarios que se presentan todos los días en relación con el gobierno del condado, y que es necesario resolver para mantener en marcha al gobierno del mismo. Sus deberes pueden incluir, por ejemplo, el derecho de contratar y de despedir empleados del condado, supervisar las compras, hacer los arreglos necesarios para la ampliación de las oficinas del condado y muchos otros trabajos similares.

Cada condado tiene una corte legal conocida generalmente con el nombre de Corte del Condado o Corte Superior, situada en el edificio de la corte en la Sede del Condado. Existen también cortes adicionales llamadas Cortes Municipales, Cortes de Justicia, Cortes de Policía o Cortes de la Ciudad que se ocupan de casos de menor importancia y que por lo general están situadas en áreas circundantes al condado.

Además de la junta del condado, hay otros funcionarios que ayudan a desempeñar el trabajo del gobierno del condado. Algunas de estas personas son elegidas por los votantes; otras son nombradas ya sea por la junta del condado, el gobernador del estado o la legislatura estatal. Por lo general se encargan de las siguientes funciones:

1. El Oficial del Condado (County Clerk). Expide las licencias de matrimonio, los papeles de naturalización y también tiene a su cargo los resultados de las elecciones.

2. El Tesorero del Condado. Recibe el dinero del condado y ordena los pagos.

3. El Recaudador de Impuestos del Condado. Recauda los impuestos.

4. El Tasador del Condado. Valúa la propiedad para los efectos de la aplicación de los impuestos prediales del condado.

5. El Registrador del Condado. Conserva el registro de escrituras, hipotecas y transferencia de propiedades.

6. El Auditor del Condado. Inspecciona las cuentas de los otros funcionarios del condado. El emite las autorizaciones para el manejo del dinero del condado.

7. El Superintendente de Escuelas del Condado. Tiene a su cargo todas las escuelas del condado con excepción de las que se encuentran en las ciudades establecidas.

8. El Agrimensor del Condado. Tiene a su cargo la revisión de los límites y confines del condado.

9. El Investigador del Condado. Tiene a su cargo la investigación de las muertes sospechosas o por accidente.

10. El Administrador Público. Se hace cargo de las herencias cuando no existe albacea o pariente heredero.

11. El Procurador de Distrito. Representa al condado en los procesos legales. Es el abogado del condado.

En algunos condados pequeños una sola persona puede ocupar varios de estos cargos y desempeñar todas las labores correspondientes a cada uno de ellos.

DISTRITOS ESPECIALES

Muchas veces, alguna persona radicada en una parte del condado decide que necesita o desearía contar con algún servicio que no está proporcionando el gobierno del condado. Muchos estados tienen leyes que permiten a estas personas organizar distritos especiales para proporcionar, por ejemplo, protección contra el fuego, drenaje, establecer hospitales o fundar nuevas escuelas. Conforme a estas leyes los residentes del distrito pueden solicitar de la junta del condado que establezca el distrito, y la junta del condado permitirá que los votantes del distrito voten sobre la proposición en las siguientes elecciones. Si el plan es aprobado, los residentes del distrito tendrán que pagar impuestos adicionales para pagar el costo de la erección y operación del distrito en beneficio suyo.

Algunos distritos operan directamente bajo la junta del condado. En otros, sin embargo, los votantes del distrito seleccionan una nueva junta de distrito entre los residentes del mismo.

PREGUNTAS

1. P. ¿Cuál es la rama legislativa del gobierno del condado?

   R. La rama legislativa del gobierno del condado es la Junta de Supervisores del Condado.

2. P. ¿Cuántos miembros tiene la Junta de Supervisores del Condado?

   R. Por lo general tiene 5 miembros. El Condado de San Francisco tiene 11 miembros.

3. P. ¿Cuál es la rama Ejecutiva del gobierno del condado?

   R. La Junta de Supervisores del Condado y el Sheriff tienen autoridad ejecutiva.

4. P. ¿Cuál es la rama Judicial del gobierno del condado?

   R. La Suprema Corte es la rama Judicial del gobierno del condado.

5. P. ¿Cuáles son otros de los funcionarios del Condado?

   R. El Oficial del Condado, el Tesorero del Condado, el Auditor del Condado, el Recaudador de Impuestos del Condado, el Agrimensor del Condado, el Investigador del Condado, el Sheriff del Condado, el Superintendente de Escuelas del Condado, la Junta de Supervisores del Condado, el Procurador de Distrito, el Administrador Público y el Juez Superior. En los condados pequeños con frecuencia una misma persona tiene dos o más cargos. Hay también otros funcionarios del condado que son nombrados, tales como el Bibliotecario del Condado, el Oficial de Sanidad del Condado y otros.

LECCION XIX — UN CONDADO TIPICO

El Condado de Alameda, situado en la orilla oriental de la Bahía de San Francisco, tiene una población de más de 1 millón de habitantes y es el segundo en tamaño de los 58 condados de California. Históricamente fué dividido en siete municipios: Alameda, Brooklyn, Eden, Murray, Oakland, Pleasanton y Washington.

En años recientes las ciudades de Berkeley, Albany, Emeryville y Piedmont se combinaron para formar un octavo municipio: el de Peralta. Otras ciudades del condado son Oakland (Sede del Condado), Alameda, San Leandro, Hayward, Fremont, Newark, Union City, Pleasanton y Livermore.

El Condado de Alameda comprende la totalidad de dos distritos del Senado del Estado (8 y 9 y una porción de un tercero (el 11). Este último se extiende hasta el Condado de Santa Clara. Existen cinco distritos de asamblea en el condado y están numerados del 12 al 15 inclusive y 25.

Para los fines de gobierno, el condado está dividido en cinco distritos supervisores. Los votantes dentro de cada uno de estos distritos, elijen a una persona, que debe ser presidente del distrito, para que sea su supervisor durante un período de cuatro años.

Otros funcionarios electros del condado son los siguientes: el Tasador; el Auditor; el oficial y Registrador; el Procurador de Distrito; el Investigador y Administrador Público; el Superintendente de Escuelas; el Sheriff; el Agrimensor; el Recaudador de Impuestos y Tesorero.

Entre otros funcionarios del condado que son nombrados por la Junta de Supervisores están los siguientes:

El Agente de Compras, el Asesor Agrícola, el Oficial de Libertad Vigilada de Adultos, el Bibliotecario del Condado y el Superintendente del Hospital del Condado.

En el Condado de Alameda existen 78 distritos especiales. En estos están incluídos 27 distritos de escuelas primarias, 16 distritos de protección contra el fuego, 6 distritos sanitarios, 3 distritos de parques y recreo y de muchos otros tipos.

La rama Judicial del condado está compuesta por la Corte Superior, las Cortes Municipales y las Cortes de Justicia. La Corte Superior tiene 37 departamentos.

Una ley que entró en vigor en 1952 estableció una reorganización de las cortes en todo el estado, con el establecimiento de las Cortes Municipales. En el Condado de Alameda existen cinco Distritos Judiciales de Corte

Municipal — Alameda, Berkeley-Albany, Oakland-Piedmont, San Leandro-Hayward y Fremont-Newark-Union City. Hay además dos Distritos de Corte de Justicia situados en Livermore y Pleasanton.

PREGUNTAS

1. P. ¿Cuál es el nombre de la junta de gobierno de su condado?

2. P. ¿Cuántos miembros tiene la junta?

3. P. ¿Cuál es el nombre de los miembros?

4. P. ¿Cuál es la Sede del Condado de su condado?

5. P. ¿Qué otros funcionarios de su condado son elegidos por los votantes?

6. P. ¿Cuáles son las cortes de su condado?

7. P. ¿Existen "distritos especiales" funcionando en su condado? En caso de que existan, nombre tres de ellos.

8. P. ¿Quiénes son sus Senadores de Estado? ¿Su Representante o Asambleísta Estatales? ¿Sus representantes en el Congreso?

LECCION XX
LA ORGANIZACION Y EL GOBIERNO DE LA CIUDAD

En California, las ciudades están agrupadas en seis clases de acuerdo con su población. Las ciudades de la primera clase son las que tienen mas de 500,000 habitantes. Las ciudades de la sexta clase son todas las que tienen una población inferior a 6,000 habitantes. Las ciudades de la segunda, tercera, cuarta y quinta clases, con subdivisiones, son las que se encuentran dentro de estas dos cifras.

La organización del gobierno de una ciudad puede tener mayor variedad que la organización del gobierno de un condado. La ciudad puede escoger de entre diversas formas de gobierno.

Las ciudades de California tienen Comisionados o Concejales en sus juntas de gobierno. La ciudad y el condado de San Francisco, unidos, tienen una Junta de Supervisores.

Las ciudades que han adoptado el plan de Gerentes de Ciudad, son Avalon, Alameda, Bakersfield, Berkeley, Burbank, Chico, Claremont, Compton, Coronado, El Cerrito, Fillmore, Glendale, Hanford, Hawthorne, Hayward, Hemet, Hillsborough, Lodi, Long Beach, Manhattan Beach, Merced, Monterey Park, Modesto, Napa, National City, Oakland, Pacific Grove, Palm Springs, Palo Alto, Pasadena, Petaluma, Porterville, Redding, Redlands, Redondo Beach, Redwood City, Richmond, Sacramento, Salinas, San Carlos, San Diego, San José, San Leandro, San Mateo, San Rafael, Santa Cruz, Santa Mónica, Santa Rosa, South Pasadena, South San Francisco, Stockton, Tulare, Upland, Vallejo, Visalia, Whittier y Woodland.

Varias ciudades tienen Administradores de la Ciudad, cuyos deberes corresponden a los de los Gerentes de Ciudad.

A la constitución de una ciudad se le llama estatutos. La ciudad, al igual que la nación, el estado o el condado, tiene tres departamentos de gobierno.

El Jefe del Ejecutivo de una ciudad es el Alcalde. La rama legislativa de una ciudad es por lo general el Concejo de la Ciudad o la Junta de Supervisores. La rama judicial está compuesta por las Cortes de Policía y las Cortes de Justicia.

Entre los funcionarios normales de una ciudad están el Tesorero, el Recaudador de Impuestos, el Tasador, el Auditor, el Oficial de Sanidad, el Oficial Mayor, el Ingeniero, el Jefe de la Policía, el Jefe de Bomberos y otros funcionarios menores. Algunos de estos funcionarios son elegidos por los votantes y otros son nombrados por el Alcalde.

A las leyes de la ciudad se les llama ordenanzas. Entre las ordenanzas más conocidas de una ciudad están las ordenanzas del reglamento de automóviles, las de bicicletas, las de la entrega de leche, las que regulan la tenencia de animales domésticos, las ordenanzas de construcción y las ordenanzas de la salud pública. Estas ordenanzas pueden variar en cada ciudad según los deseos de los ciudadanos.

PREGUNTAS

1. P. ¿Cómo se le llama a la constitución de una ciudad?
   R. A la constitución de una ciudad se le llama estatutos.

2. P. ¿Quién es el Jefe del Ejecutivo de una ciudad?
   R. El Jefe del Ejecutivo de una ciudad es el Alcalde.

3. P. ¿Cuál es la rama legislativa de una ciudad?
   R. La rama legislativa de una ciudad generalmente es el Concejo de la Ciudad. En el condado y ciudad de San Francisco lo es la Junta de Supervisores.

4. P. ¿Cuál es la rama judicial de una ciudad?
   R. La rama judicial de una ciudad está compuestra por la Corte de Policía, la Corte de Justicia o ambas. A las Cortes de la ciudad generalmente se les llama Cortes Municipales.

5. P. ¿Qué nombre reciben las leyes de una ciudad?
   R. Las leyes de una ciudad reciben el nombre de ordenanzas.

6. P. ¿Cuáles son algunas de las ordenanzas más comunes?
   R. Casi todas las comunidades tienen ordenanzas que reglamentan la velocidad de los automóviles, el uso de las bicicletas en las aceras, la disposición de la basura, la construcción de edificios y la expedición de licencias.

LECCION XXI — EL SUFRAGIO

Sufragio significa el derecho a votar. El privilegio del sufragio es una de las grandes bendiciones de una democracia. Cada ciudadano debe considerar que es un deber votar por los funcionarios y por las medidas que crea que son mejores para el país. Es realmente de lamentarse que muchas personas descuiden este deber tan importante.

La Constitución de los Estados Unidos no especifica una adad fija para tener derecho a votar. Hasta muy recientemente, todos los estados habían establecido la edad de veintiun años como la edad necesaria para tener derecho a votar. En 1970 el Congreso aprobó una ley, fijando la edad de 18 años como la edad legal para votar.

En California un votante debe cubrir los siguientes requisitos: debe ser ciudadano de los Estados Unidos; debe tener cuando menos dieciocho años de edad; debe haber vivido en el condado cuando menos durante noventa días; debe haber vivido en su distrito cuando menos durante cincuenta y cuatro días.

De acuerdo con las leyes del Estado, el derecho a votar se le puede negar a determinadas clases de ciudadanos. En California estas leyes incluyen a las personas mentalmente incompetentes, a las personas convictas de crímenes mayores y a las personas que apuestan en las elecciones (La ley contra las apuestas en las elecciones, es aplicada muy raras veces).

Cuando alguna persona desea postularse como candidato para un puesto público en este estado, debe presentar ante el Oficial del Condado, o en el Registro de Votantes, una "Declaración de Candidatura". El candidato puede presentarla personalmente, o la declaración puede ser presentada por cinco electores de cualquier partido político, haciéndose seguidamente, la aceptación de la candidatura por el candidato. Después de la presentación de la declaración de candidatura, el candidato tiene que nombrar delegados de verificación para recabar firmas de patrocinadores para su nombramiento como candidato. El número de patrocinadores que se requiere depende de la naturaleza del puesto.

Todas las declaraciones de candidatura y los certificados de los patrocinadores deben presentarse ante el Secretario de Estado no más de 90 días ni menos de 60 días antes de las elecciones primarias de junio. Una vez que se ha completado esta fase del procedimiento, el nombre del candidato es impreso en los votos primarios. En las elecciones primarias, el candidato de cada partido político que reciba mayor número de votos para cada puesto, se convierte en el candidato de ese partido para la elección general. Para puestos que no son de partido, los dos candidatos que reciban mayor número de votos en las elecciones primarias se convierten en candidatos para ese puesto, en las elecciones generales. Este método se sigue para puestos del estado. En algunas ciudades del estado podrán ser usados diferentes sistemas, de acuerdo con las ordenanzas de cada ciudad.

En California, antes de votar hay que registrarse. Para poder votar en una elección primaria, el votante al registrarse, debe declarar a qué partido político pertenece, si es que pertenece a alguno. Puede registrarse también como Sin Partido.

Los principales partidos políticos en los Estados Unidos son el Republicano y el Demócrata.

Estos partidos tienen muchos puntos en común. Ambos creen en el gobierno "del pueblo, por el pueblo y para el pueblo", pero difieren en algunos aspectos importantes.

Los Republicanos anteriormente estaban a favor de la imposición de elevadas tarifas a los productos importados; los Demócratas, estaban a favor de tarifas bajas.

Cuando una persona solicita le autoricen a convertirse en ciudadano de este país debe jurar que no cree en la poligamia ni en la anarquía. Poligamia es la práctica de tener más de una esposa o de un marido al mismo tiempo. Esto no es legal en los Estados Unidos. Un anarquista es una persona que no cree en un gobierno organizado. Los anarquistas, los comunistas y otros radicales a veces han causado disturbios serios en los Estados Unidos, al abogar por la resistencia a las leyes, por la destrucción de la propiedad y por el derrocamiento del gobierno.

Indudablemente que en nuestro gobierno hay algunas cosas que pueden mejorarse. Por eso es importante que cada residente calificado de este país sea un ciudadano inteligente y previsor, para que vote por los funcionarios y por las leyes adecuadas para corregir los males que existen.

La Enmienda Dieciocho a la Constitución de los Estados Unidos estableció la prohibición nacional. Esta enmienda fue violada en muchas partes del país por personas que alegaban que puesto que ellas no creían en la prohibición, no tenían por qué respetar las leyes de prohibición. El buen ciudadano obedece las leyes, mientras estén en vigor, ya sea que esté de acuerdo o no con las mismas. Y si piensa que la ley es inadecuada, trabaja por medio de los canales legales para que sea cambiada.

DEMOCRACIA

Democracia es cualquier forma de gobierno ejercida por el pueblo. Hay "democracias puras" y "democracias representativas". En los primeros días de existencia de la Nueva Inglaterra, todos los votantes de un municipio se reunían y dictaban la legislación del municipio. Esto era democracia *pura,* pues todos los votantes tomaban parte activa.

La mayor parte de las democracias son representativas. Una democracia en la cual el pueblo elige a los representantes y que eligen a un Presidente como Jefe del Ejecutivo, es una república. Los Estados Unidos, México, Suiza y muchas naciones de Sur América y de Centro América son repúblicas. Islandia se convirtió en república en 1944. La República de Filipinas se estableció formalmente el 4 de Julio de 1946.

En una "democracia monárquica" el pueblo elige representantes para hacer las leyes, pero el jefe del ejecutivo, un rey o una reina, hereda la posición de gobernante. La Gran Bretaña, Suecia, Dinamarca, Holanda y Bélgica son democracias de este tipo. En estas naciones, los representantes elegidos por los votantes tienen poderes legislativos pero no eligen a su gobernante.

COMUNISMO

El comunismo es diferente de la democracia en varias manera. Solamente se permite la existencia de un partido político, el Partido Comunista. La libertad de expresión y la libertad de prensa no existen. El gobierno controla las industrias mayores. El presidente Nixon viajó a los paises comunísticos de Rusia y La Republica de la Gente de China para mejorar nuestras relaciones con ellos.

FASCISMO

El fascismo es una forma de gobierno en la cual todos los poderes están en las manos de un pequeño grupo dominante, encabezado por una sola persona a quien se llama dictador. El término "Fascismo" fue primeramente usado por Mussolini, cuando se convirtió en dictador de Italia en 1922. Alemania, bajo el gobierno de Hitler, también era un Gobierno Fascista.

Bajo el Fascismo, el dictador controla la educación, la prensa, la radio, la religión, el arte y la totalidad de la vida económica y política del país. No existe la libertad de expresión o de prensa y se suprimen los derechos individuales.

Durante los largos períodos de control Fascista, Italia y Alemania, se convirtieron en "Estados Policiacos".

PREGUNTAS

1. P. ¿Cuáles son los requisitos necesarios para ser votante en California?

   R. Para ser votante se necesita ser ciudadano, tener cuando menos dieciocho años de edad, ser residente del condado cuando menos por noventa días y residente del distrito por cuando menos cincuenta y cuatro días.

2. P. ¿Qué es una elección primaria?

   R. Una elección primaria es una elección hecha con el fin de nombrar candidatos para algun puesto. Las elecciones primarias tienen lugar en California cada dos anos. En estas elecciones los partidos políticos nombran sus candadatos quienes participan en las elecciones finales en Noviembre.

3. P. ¿Cuáles son los principales partidos políticos en los Estados Unidos?

R. El Republicano y el Demócrata.

4. P. ¿Qué es la poligamia?

R. Poligamia es la práctica del matrimonio doble o múltiple.

5. P. ¿Qué es un anarquista?

R. Un anarquista es una persona que cree en el derrocamiento del gobierno organizado.

6. P. Cuando el candidato a ciudadano presenta su examen de naturalización se le hacen estas preguntas: "¿Es usted Comunista?" "¿Ha sido usted Comunista o ha sido miembro de alguna otra organización subversiva dentro de los últimos diez años?" ¿Por qué se le hacen estas preguntas?

R. Un extranjero, al convertirse en ciudadano, debe jurar que cree en nuestro gobierno como está establecido por la Constitución de los Estados Unidos y que será leal a ese gobierno y que obedecerá sus leyes.

Un comunista no cree en el gobierno actual de los Estados Unidos, y por lo tanto no puede verazmente, prestar el juramento de fidelidad. Si un candidato es comunista y niega ese hecho al convertirse en ciudadano, comete perjurio. Porque debe fidelidad primeramente al partido Comunista y no a los principios de nuestra república.

7. P. ¿Dice la Declaración de Independencia algo contra los dictadores?

R. La Declaración de Independencia dice: "Todos los hombres nacen libres y son iguales, y tienen ciertos derechos inherentes". "Para salvaguardar estos derechos se instituyen los gobiernos entre los hombres, los que derivan sus poderes justos del consentimiento de los gobernados". Un dictador no deriva sus poderes del consentimiento de los gobernados.

LECCION XXII – LAS GUERRAS EN
QUE HA PARTICIPADO NUESTRA NACION

Las americanos están justamente orgullosos del hecho de que las guerras declaradas en las cuales ha participado nuestra nación han sido guerras libradas en favor del derecho y de la libertad. Los miles de soldados americanos que han ofrendado sus vidas en estas batallas no han muerto en vano. Cada uno de los conflictos ha tenido como resultado una victoria para la causa que nuestro país apoyaba. No solamente nuestro pueblo ha salvaguardado y mantenido su independencia, sino que los pueblos de muchos otros países han obtenido libertad con la ayuda que los Estados Unidos les han prestado.

Los Estados Unidos han participado en las siguientes guerras:

1. *La Guerra Revolucionaria,* 1775-1783.

Países que participaron: Trece Colonias (conocidas posteriormente como Estados Unidos) contra Gran Bretaña. Las colonias contaron con la ayuda de Francia.

Causa: "Impuestos sin Representación".

Resultado: Los Estados Unidos lograron su independencia.

Líderes – Americanos: George Washington, Patrick Henry, Nathaniel Green, Thomas Jefferson, Benjamin Franklin, Marqués de Lafayette.

2. *La Guerra de 1812,* 1812-1814.

Países que participaron: Los Estados Unidos y Gran Bretaña.

Causa: Problemas relacionados con la "libertad en los mares".

Resultado: Los Estados Unidos lograron una independencia comercial.

Líderes – Americanos: Comodoro Perry, General Andrew Jackson.

3. *La Guerra Mexicana,* 1846-1848.

Países que participaron: Los Estados Unidos y México.

Causa: Controversia sobre la línea divisoria entre los dos países.

Resultado: Fijación de la línea divisoria. Adición de New Mexico y California al territorio de los Estados Unidos.

Líderes – Americanos: General Zachary Taylor, John C. Fremont, General Kearny, General Winfield Scott.

4. *La Guerra Civil,* 1861-1865.

País que participó: Los Estados del Norte y los Estados del Sur de los Estados Unidos.

Causa: El problema de la esclavitud y la doctrina de los "Derechos de los Estados".

Resultados: Abolición de la esclavitud. La conservación de la Unión.

Líderes – Federales: Abraham Lincoln (Presidente), General Grant, General Sherman, General Sheridan, General McClellan, General Me.

Líderes – Confederados: Jefferson Davis (Presidente), General Robert E. Lee, "Stonewall" Jackson, General Joseph E. Johnston.

5. *La Guerra Hispano-Americana,* 1898.

Países que participaron: Los Estados Unidos y España.

Causa: La tiranía española en Cuba. La voladura del barco de guerra *Maine,* de los Estados Unidos.

Resultados: Puerto Rico, Guam y las Filipinas fueron cedidas por España a los Estados Unidos. Cuba se hizo independiente.

Líderes — Americanos: William McKinley (Presidente), Almirante Dewey, Coronel Theodore Roosevelt, Almirante Sampson, Comodoro Schley, General Wood, General Miles.

Líder Español: Almirante Cervera.

6. *Primera Guerra Mundial,* 1917, 1918.

Países que participaron: Gran Bretaña, Francia y sus Aliados contra Alemania y sus Aliados.

Causa: La ambición de Alemania por más poder y por expansión de su territorio.

Resultado: Se frenó la ambición de Alemania. El derrocamiento del Gobierno Alemán. La liberación de varias naciones pequeñas.

Líderes — Aliados: Woodrow Wilson (Presidente), General Pershing, Mariscal Foch, Mariscal Haig.

Líderes — Alemanes-Austríacos: Kaiser Wilhelm, Emperador Carlos, General von Ludendorf, Mariscal von Hindenburg.

7. *Segunda Guerra Mundial,* 1941-1945.

En la mañana del 7 de Diciembre de 1941, las fuerzas armadas del Japón atacaron a las fuerzas armadas de los Estados Unidos en Pearl Harbor, Hawaii. En la tarde de ese mismo día el gobierno Japonés le declaró la guerra a los Estados Unidos. El día siguiente, 8 de Diciembre de 1941, los Estados Unidos le declararon la guerra al Japón.

Aun cuando Alemania había ya ocupado por la fuerza varios países Europeos a pesar de las protestas de los gobiernos demócratas, la Segunda Guerra Mundial realmente se inició en septiembre de 1939, cuando Alemania atacó a Polonia. Inglaterra y Francia inmediatamente le declararon la guerra a Alemania. Para fines de 1941, Alemania con la ayuda de Italia, había obtenido el control de prácticamente todo el continente Europeo y estaba activamente en guerra con Rusia. Japón firmó un tratado de "no agresión" con Alemania y con Italia en 1940 y comenzó a exigir un "Nuevo Orden en Asia Oriental".

En noviembre de 1941, los representantes diplomáticos del gobierno Japonés llegaron a Washington D.C., para participar en una conferencia, ostensiblemente para conservar la paz en el Pacífico. Mientras se clebraba esta conferencia, tuvo lugar el ataque sorpresivo de Japón a Pearl Harbor.

El 11 de Diciembre de 1941, Alemania e Italia le declararon la guerra a los Estados Unidos. Ese mismo día los Estados Unidos le declararon la guerra a Alemania y a Italia. La combinación de Alemania, Italia y Japón fué conocida con el nombre de "El Eje".

El gobierno de los Estados Unidos se había opuesto abiertamente a los gobiernos dictatoriales de Alemania y de Italia y había prestado ayuda a los países que buscaban mantener su forma democrática de gobierno.

El 2 de Enero de 1942, veintiseis naciones firmaron un acuerdo comprometiéndose a combatir hasta el fin contra El Eje y a no firmar la paz por separado. Estas naciones hicieron su declaración "convencidos de que la victoria total sobre sus enemigos es esencial para defender la vida, la libertad, la independencia y la libertad religiosa y para preservar los derechos humanos así como la justicia tanto en sus propias tierras como en otras".

Este pacto fué anunciado desde Washington D.C., después de una conferencia entre el Presidente Franklin D. Roosevelt y el Primer Ministro de Gran Bretaña, Winston Churchill.

Las naciones que firmaron este acuerdo cooperativo fueron:

Los Estados Unidos, Gran Bretaña, Rusia Soviética, China, Australia, Bélgica, Canadá, Costa Rica, Cuba, Checoeslovaquia, República Dominicana, Salvador, Grecia, Guatemala, Haití, Honduras, India, Luxemburgo, Holanda, Nueva Zelandia, Nicaragua, Noruega, Panamá, Polonia, Africa del Sur y Yugoslavia.

Durante casi cuatro años las Naciones Aliadas y los poderes de El Eje pelearon una guerra amarga, sin cuartel, en la tierra y en el mar, que envolvió a todo el mundo, con pérdidas de millones de hombres y de incontables millones de dólares de propiedades. La rendición incondicional de Alemania, el 7 de Mayo de 1945 y la de Japón, el 2 de Septiembre de 1945, dieron una victoria total a las fuerzas de las democracias.

FUNCIONARIOS IMPORTANTES
DORANTE LA SEGUNDA GUERRA MUNDIAL

Comandante en Jefe del Ejército y la Armada — Franklin D. Roosevelt.
    Lo sucedió en el mando Harry S. Truman.
Jefe de Estado Mayor de las Fuerzas Armadas — General George C. Marshall.
Comandante de toda la Flota — Almirante Ernest H. King.
Comandante de la Flota del Pacífico — Almirante Chester W. Nimitz.
Comandante de la Flota del Atlántico — Almirante Royal E. Ingersoll.
Comandante de las Fuerzas Aliadas en el Pacífico Sur — General Douglas
    MacArthur.
Comandante Supremo de las Fuerzas Anglo-Americanas en Europa — General
    Dwight Eisenhower.
Otros — Americanos: Almirante Halsey, General Stilwell, General Patton,

General Mark W. Clark, General Chennault, General Lear.
Ingleses: Winston Churchill, General Sir Bernard L. Montgomery, Lord Mountbatten, Anthony Eden.
Franceses: General De Gaulle. Ruso: Joseph Stalin.

LAS NACIONES UNIDAS

Los representantes de cincuenta Naciones Aliadas se reunieron en San Francisco, California, el 15 de Abril de 1945, conforme lo había planeado el Presidente Roosevelt, para tratar asuntos de importancia mundial. Después de más de dos meses de árduos trabajos desarrollados por los comités de los delegados, se presentaron unos ESTATUTOS que serían la base para salvaguardar la paz y la cooperación internacionales, los cuales fueron discutidos y aprobados por unanimidad. La conferencia dió por terminadas sus labores el 26 de Junio de 1945.

Nicaragua fué el primer país que ratificó los Estatutos. Los Estados Unidos anunciaron su ratificación el 28 de Julio de 1945. Muchas otras naciones lo hicieron a continuación y los Estatutos fueron formalmente aprobados. Esta organización se conoce actualmente con el nombre de Naciones Unidas y cuenta con ciento veintitres naciones miembros. Conforme llenan los requisitos, entran a formar parte de la organización otros países.

Los Estados Unidos han tenido un papel prominente en las conferencias de las Naciones Unidas. A las naciones menos afortunadas se les han concedido préstamos, equipos, alimentos y apoyo moral. Europa Occidental ha recibido ayuda consistente en asistencia militar en Alemania y el Plan Marshall. Desgraciadamente la actitud de Rusia y de otros países Comunistas ha bloqueado muchos de los proyectos de paz más importantes presentados por otros miembros de las Naciones Unidas.

ORGANIZACION DEL TRATADO DEL ATLANTICO NORTE (NATO)

Durante el verano de 1949, los Estados Unidos, Canadá y las democracias de Europa Occidental, doce naciones en total, firmaron el Pacto del Atlántico, un acuerdo que garantiza la mutua cooperación y protección.

GUERRAS NO DECLARADAS
El Conflicto Coreano

La invasión de Corea del Sur por los Comunistas de Corea del Norte, durante el verano de 1950, fué considerada por la mayor parte de las Naciones Unidas como un "acto de agresión", como la violación de los estatutos y del propósito de las Naciones Unidas. Las fuerzas armadas de las Naciones Unidas, encabezadas por los Estados Unidos, con el General MacArthur como Comandante de las Fuerzas del Pacífico, hicieron un esfuerzo determinado para oponerse a esta agresión. En un principio, la resistencia organizada tuvo éxito. Los Comunistas de Corea del Norte estaban prácticamente derrotados cuando los Comunistas Chinos en números arrolladores, se unieron a las fuerzas de Corea del Norte e hicieron retroceder a las fuerzas de las Naciones Unidas.

Después de muchos meses de negociaciones, durante las cuales el punto principal de discusión fue el método para manejar a los prisioneros de guerra, se firmó un armisticio en Panmunjom, Corea el 27 de Julio de 1953 y se estableció una comisión supervisora compuesta por naciones neutrales.

EL CONFLICTO DE VIETNAM

La participación y las acciones de los Estados Unidos en Vietnam del Sur se iniciaron con la ayuda económica y técnica de los Estados Unidos, después de los acuerdos de Ginebra que pusieron fin a la Guerra Indo-China. Posteriormente, mediante escaladas sucesivas alcanzó su mayor empuje en 1964 cuando el Presidente Johnson ordenó ataques aéreos en represalia por los ataques de las cañoneras P-T de los Comunistas de Vietnam del Norte en el Golfo de Tonkin. Durante el actual período del Presidente Nixon, la participación de los Estados Unidos en esta guerra esta siendo reducida. El disparando ceso el 27 de enero de 1973. Todas las tropas Americanos salieron antes del 29 de marzo.

LECCION XXIII — UN ESTADO TIPICO

California es el tercer estado en tamaño en los Estados Unidos. Tiene una superficie de 155,562 millas cuadradas y su extensión de norte a sur por el centro del estado es de 750 millas. El largo de su litoral es de aproximadamente 1000 millas.

El estado tiene dos sistemas montañosos paralelos que se extienden hacia el noroeste y hacia el sureste, encerrando entre ellos valles muy amplios.

La Cordillera Costera (Coast Range) se extiende a través de todo el estado, siendo sus picos más elevados el San Bernardino con 10,603 pies de elevación; el San Jacinto, con 10,805 y el Tahachapi, con 9,214 pies de elevación.

Al este de la Cordillera Costera está la accidentada Sierra Nevada, en donde están situados el Monte Whitney con 14,502 pies y el Monte Shasta con 14,380 pies de elevación.

Ningun otro estado — y muy pocos países en el mundo — pueden jactarse de tener un clima tan delicioso como el de los valles de California. El año se divide en dos estaciones, la seca y la de lluvias. El promedio de precïïtación pluvial de todo el estado es de veintitres pulgadas. Muy rara vez cae nieve a no ser en las montañas y las plantas florecen en los jardines en la época de Navidad.

Los primeros hombres blancos que penetraron a California, fueron los españoles que tocaron la costa de Santa Bárbara en 1542. En 1579, el inglés Sir Francis Drake exploró la costa al norte hacia la Bahía de San Francisco. Posteriormente, otros navegantes exploraron las bahías de San Diego y Monterey.

En 1769 los frailes Franciscanos establecieron la primera misión en San Diego. San Francisco fué fundado en 1776. Para 1823 se habían establecido ya veintiún misiones, que se extendían al norte hasta Sonoma. Estas misiones desarrollaron una gran labor de civilización y de Cristianización entre los indígenas.

California fue primero una colonia española. Fué parte del territorio de México en 1822. La primera caravana de carretas con inmigrantes americanos llegó en 1826, seguida poco después por muchas otras.

En 1840 Monterey fue declarada la capital. Hubo problemas entre los colonos que querían la anexión a los Estados Unidos y los que querían permanecer sujetos al gobierno de México. Cuando los Estados Unidos se estaban preparando para la guerra con México en 1846, un grupo de americanos, encabezados por John C. Fremont, se apoderaron de la población de Sonoma, izaron la Bandera del Oso y proclamaron la independencia de California. Poco después el Comodoro Sloat se apoderó de Monterey y de San Francisco. El 2 de Febrero de 1848, de acuerdo con lo estipulado en el tratado con México, California pasó a formar parte de los Estados Unidos.

En 1848 se descubrió oro en Sutter's Creek. Al conocerse la noticia, vinieron inmigrantes de todas partes de los Estados Unidos y de algunos países europeos. Para fines de 1849, la población de California era de 100,000 habitantes.

El 9 de Septiembre de 1850, California fué admitida en la Unión. La constitución del estado prohibió la esclavitud.

La prosperidad y la población de California han crecido rápida y consistentemente. Bajo el punto de vista educativo es uno de los estados más destacados de la Unión.

Los cincuenta y ocho condados de California son los siguientes:

Alameda, Alpine, Amador, Calaveras, Butte, Colusa, Contra Costa, Del Norte, El Dorado, Fresno, Glenn, Humboldt, Imperial, Inyo, Kern, Kings, Lake, Lassen, Los Angeles, Madera, Marin, Mariposa, Mendocino, Merced, Modoc, Mono, Monterey, Napa, Nevada, Orange, Placer, Plumas, Riverside, Sacramento, San Benito, San Bernardino, Santa Clara, San Diego, San Francisco, San Joaquín, San Luis Obispo, San Mateo, Santa Barbara, Santa Cruz, Shasta, Sierra, Siskiyou, Solano, Sonoma, Stanislaus, Sutter, Tehama, Trinity, Tulare, Toulumne, Ventura, Yolo y Yuba.

EL GOBIERNO DEL ESTADO DE CALIFORNIA

La Legislatura de California está compuesta por dos casas llamadas el Senado y la Asamblea. Hay cuarenta Senadores de Estado en el Senado y ochenta Asambleístas en la Asamblea. Se les elige por distritos y deben residir en el distrito que representan.

La Legislatura de California se reúne en sesiones regulares cada mes de Enero en Sacramento, la capital del estado. En cualquier momento el Gobernador puede convocar a Sesiones Especiales para estudiar algún problema importante.

Si el Gobernador de California veta un proyecto de ley, éste puede ser aprobado a pesar de su veto, con una mayoría de dos tercios de los votos de ambas casas de la legislatura.

Si el Gobernador retiene el proyecto durante 10 días, el proyecto se convierte en ley, a no ser que estos diez días coincidan con los días de la terminación de las sesiones. El Gobernador puede firmar leyes hasta treinta días después del cierre de las sesiones de la legislatura.

El Teniente de Gobernador preside al Senado, y un Vocero, elegido por los Asambleístas, preside la Asamblea.

ENMIENDAS

Cualquiera de las dos casas de la legislatura puede proponer enmiendas a la Constitución de California. Si ambas casas la aprueban por una mayoría de dos terceras partes de los votos, la enmienda se somete al pueblo. Si la mayoría de los votos emitidos está a favor de la enmienda ésta pasa a formar parte de la constitución.

El estado de California, al igual que algunos otros estados ha introducido algunas facetas modernas en su legislación. Entre éstas están la iniciativa, el referéndum y la revocación.

La Iniciativa: Usualmente los leyes se originan en una de las dos casas de la legislatura. Con el sistema de iniciativa, los votantes pueden proponer una ley mediante una petición y si ésta es firmada por un número suficiente de votantes, la proposición se coloca en la planilla para recibir el voto directo del pueblo. Peticiones de iniciativa lograron que fuera colocada en la planilla, en noviembre de 1966, una moción comúnmente llamada "La Ley Anti-Obscenidad". La iniciativa de esta moción fué derrotada por los votantes. La causa de la derrota aparentemente fué la opinión legal de que la moción, en la forma en que estaba redactada, probablemente sería inconstitucional.

El Referéndum: Si la legislatura aprueba una ley que algunos de los votantes no quieren, éstos pueden hacer circular peticiones de referéndum, solicitando que la ley entre en vigor hasta que el pueblo emita su voto sobre ella. Si el número necesario de votantes firma la petición, la ley es diferida y se pone en las planillas de la siguiente elección estatal. Si en las elecciones, una mayoría de votos está en contra de la ley, ésta no entra en vigor.

La Revocación: Si los ciudadanos no están satisfechos con un funcionario público a quien hayan elegido, pueden hacer circular peticiones solicitando una elección para revocar a este funcionario, y colocar a otro en su lugar. La revocación se ha invocado muchas veces en California y en algunos casos ha tenido éxito. En 1921, en San Francisco fueron revocados dos Jueces de Policía. Una revocación solicitada contra el Alcalde Lapham, de San Francisco, el 16 de Julio de 1946, no alcanzó una mayoría decisiva. El 28 de Febrero de 1950 se efectuó una elección para la revocación de tres Concejales de Oakland, y uno de ellos fue revocado. Otra elección de revocación contra el Alcalde Fletcher Bowron de los Angeles, no tuvo éxito.

La iniciativa, el referéndum y la revocación están consideradas como medidas para hacer más efectiva la democracia, pues en cada caso prevalece la voluntad de la mayoría de los votantes. Estas medidas son más lentas y más costosas que los métodos ordinarios, pero sin embargo, se les considera como un buen freno contra la extravagancia o el favoritismo de los funcionarios.

PREGUNTAS

1. P. ¿Cuándo y dónde se reúne la legislatura de California?

   R. La legislatura se reúne en Sacramento, en el mes de enero de todos los años.

2. P. ¿Quién preside el Senado en California?

   R. El Teniente de Gobernador preside el Senado.

3. P. ¿Quién preside la Asamblea?

   R. El Vocero preside la Asamblea.

4. P. ¿Cuántos miembros tiene cada casa?

   R. Hay cuarenta miembros en el Senado y ochenta en la Asamblea.

5. P. ¿Cuánto tiempo dura el cargo de los miembros de la legislatura?

   R. El cargo de los Senadores Estatales dura cuatro años; el de los Asambleístas dura dos años.

6. P. ¿En qué forma se hacen las enmiendas a la Constitución de California?

   R. Una enmienda debe ser aprobada por una mayoría de dos tercios de los votos de las dos casas de la legislatura y después debe ser ratificada por el voto del pueblo.

7. P. ¿Ha tenido enmiendas la Constitución de California?

   R. Sí, la constitución del estado ha tenido muchas enmiendas. En cada sesión regular de la legislatura se aprueban varias enmiendas y se someten a la aprobación de los votantes en la siguiente elección estatal. Muy pocas de estas enmiendas reciben el voto mayoritario del pueblo.

8. P. ¿Cuáles son algunas de las enmiendas de la constitución del estado de California.

   R. Diversas enmiendas se han incorporado a la constitución del estado de California, la ley de la iniciativa, el referéndum y la revocación; los reglamentos actuales relativos a las elecciones primarias; la fundación de la Comisión de Servicios Públicos; las estipulaciones para la compensación de los trabajadores; los requisitos del servicio civil para los trabajadores del estado; el método actual para las elecciones de los jueces de las cortes de apelación y las estipulaciones que exigen la venta de alimentos en los lugares donde se expende licor para el consumo. Durante los últimos años se han hecho muchas menos enmiendas.

En las elecciones del 7 de Noviembre de 1946, los votantes ratificaron una enmienda que estipula que la legislatura del estado debe reunirse cada año, en vez de cada dos años.

9. P. ¿Qué se entiende por iniciativa?

   R. Iniciativa es un método mediante el cual se originan leyes y algunas enmiendas directamente de los votantes en vez de serlo en la legislatura, y que son votadas por los votantes directamente.

10. P. ¿Qué se entiende por referéndum?

   R. Referéndum es un método mediante el cual los votantes tienen oportunidad de determinar si una ley aprobada por la legislatura debe entrar en vigor.

11. P. ¿Qué se entiende por revocación?

   R. Revocación es un método mediante el cual, y a través de una elección, se puede remover a un funcionario no satisfactorio y substituirlo por otro.

LECCION XXIV — NUESTROS ESTADOS MAS NUEVOS
ALASKA

El 1° de Julio de 1958, el Presidente y el Congreso dieron su aprobación final para la admisión de Alaska como estado de los Estados Unidos. El 25 de Noviembre de 1958, en preparación de esta nueva condición, Alaska celebró sus primeras elecciones nacionales y eligió un Gobernador, dos Senadores federales y un Representante en el Congreso. El 3 de Enero de 1959, este antiguo territorio fue oficialmente admitido a la Unión como el 49° estado, siendo el primer nuevo estado admitido después de la admisión de Arizona en 1912.

Alaska, cuyo nombre significa "tierra grande", fue descubierta en 1741 por exploradores rusos, quienes fundaron las poblaciones de Kodiak, Sitka y Wrangell y establecieron la primera industria — el tráfico de pieles. Los primeros habitantes de Alaska eran Indios, Aleutas y Esquimales y se cree que emigraron de Siberia y de Asia. Los Estados Unidos, en 1867, compraron Alaska a Rusia por siete millones de dólares. Las industrias del salmón y de la minería de oro de Alaska se desarrollaron bajo el dominio y el control de los Estados Unidos.

Alaska tiene una superficie de 586,400 millas cuadradas y es dos veces y media mayor que Texas. Su litoral de 33,904 millas es más largo que el litoral combinado de todos los Estados Unidos. El río Yukón con una longitud de 2000 millas es el río más largo en esta área, en donde también se encuentra el Monte McKinley que con sus 20,300 pies de altitud es el más elevado del continente de América del Norte. 18,000 millas cuadradas de la superficie de Alaska están cubiertas por glaciares siendo el de Malispina, en el Golfo de Alaska, el mayor del mundo.

Alaska no es únicamente una tierra de hielos y de nieve. El clima en la parte sur-oriental es templado tanto en invierno como en verano. Las temperaturas en Juneau, la capital, están alrededor de los 20 grados en invierno y de 70 grados en verano, con una precipitación pluvial de alrededor de 90 pulgadas por año. El clima de Anchorage, la mayor de sus ciudades, es comparable al de Chicago. Fairbanks, la ciudad situada más al norte, tiene temperaturas extremosas — de 60 a 70 grados bajo cero durante el largo invierno y tan elevadas como de 95 grados durante el cálido y corto verano.

El gobierno territorial se estableció en 1884. En 1906 se aprobó que enviara al Congreso un delegado sin voto. La primera reunión de la legislatura del territorio se efectuó en 1913.

La primera vez que los residentes de Alaska solicitaron su admisión a la Unión, fué en 1916, pero no tuvieron éxito. Durante la Segunda Guerra Mundial el territorio alcanzó su mayor desarrollo, pues los militares capitalizaron la situación estratégica de Alaska.

Las industrias principales de Alaska son la pesca, la madera y la minería. Desde hace tres años está en producción en Ketchikan una gran fábrica de papel y poco después se estableció otra igualmente grande, en Sitka. Los descubrimientos de petróleo en la península de Kenai, al sur de Anchorage, permiten suponer que ésta será también una de las grandes industrias de Alaska dentro de unos pocos años.

La admisión de Alaska como nuevo estado de la Unión es, en gran parte, el resultado de las repetidas solicitudes que en ese sentido hicieron los líderes del territorio desde 1946. Uno de los últimos esfuerzos de estos líderes fue la redacción de una constitución que proponían para el nuevo estado, la cual fué aprobada por los botantes el 24 de Abril de 1956 por una votación a favor, de dos veces más que la votación en contra.

HAWAII

El 18 de Marzo de 1959, el Presidente Eisenhower firmó la ley concediendo a Hawaii la categoría de estado. El 29 de Julio de 1959 se efectuó la primera elección nacional en las Islas y los votantes eligieron a los funcionarios del estado, a dos Senadores Federales y a un Representante al Congreso. El 21 de Agosto de 1959, Hawaii fué formalmente admitido como el 50° estado de la Unión.

Hawaii es el único estado de la Unión que está fuera del Continente Norteamericano. Está compuesto por un grupo de islas situadas en el Océano Pacífico que se extienden por más de 400 millas. Hay cuatro islas grandes — Oahu, Hawaii, Maui y Kauai — cuatro de tamaño mediano y una multitud de islas pequeñas. La superficie territorial — 6400 millas cuadradas — es ligeramente mayor que la de Connecticut y Rhode Island unidas. Las islas son montañosas con una elevación promedio máxima de 2000 pies sobre el nivel del mar. Hay sin embargo, algunos picos bastante elevados — Haleakala con 10,025 pies de elevación, Mauna Loa, con 13,679 y Mauna Kea, con 13,784 pies de elevación. Mauna Loa y Kilauea son los únicos volcanes activos en territorio de los Estados Unidos y ambos están en la isla de Hawaii. La capital, Honolulu, esta en la isla de Oahu.

Los habitantes de Hawaii pueden trazar su linaje prácticamente hasta cualquier área o región cultural del mundo — Anglosajones, Chinos, Hawaianos, Españoles, Alemanes, Portugueses, Japoneses, Coreanos, Indios y Samoanos, pero a pesar de esta mezcla en su origen ancestral, el idioma predominante es el inglés.

Su clima templado y uniforme es famoso en todo el mundo. La temperatura más elevada que se ha registrado es de 88° y la más baja, de 56°. Honolulu tiene un promedio de 286 días de sol por año y una precipitación pluvial, en la ciudad, de menos de 24 pulgadas por año.

El Capitán James Cook, descubrió las islas en 1778. En esa época se estimó la población en 300,000 habitantes. Conforme fueron llegando los colonizadores occidentales, trajeron con ellos una variedad de padecimientos comunes del oeste contra los cuales los nativos no estaban inmunizados. Dentro de los 100 años siguientes, y debido principalmente a las enfermedades, la población nativa se había reducido a unos 58,000 habitantes. Para reponer esta fuerza de trabajo perdida, se importaron trabajadores de China en 1852, y posteriormente tambien de Corea, Japón, Puerto Rico, las Azores y las Filipinas. A esto se debe en gran parte la mezcla de los antecedentes ancestrales de la población actual.

La monarquía nativa que se había unificado bajo el gobierno del rey Kamehameha I en 1820, fué derrocada en 1893 y sustituída por una república en la cual la mayoría de los funcionarios elegidos eran americanos. Toda el área fue anexada a los Estados Unidos como Territorio en 1899 y casi inmediatamente se presentó la primera petición ante el Congreso solicitando su aceptación como estado. Los habitantes de Hawaii persistieron en sus demandas de reconocimiento a través de los años subsiguientes y establecieron el gobierno del territorio sobre los mismos lineamientos de los estados continentales. Como resultado de ésto, el cambio de "territorio" a "estado" ha sido un asunto relativamente sencillo.

Antes de la Segunda Guerra Mundial las islas se sostenían principalmente con la producción de azúcar y de piña, así como también por el turismo, la actividad militar, principalmente en Pearl Harbor y el suministro de servicios a las líneas de vapores transpacíficos. La guerra, por supuesto, convirtió toda esta área en un campo armado con la afluencia de medio millón de hombres y de muchos empleados civiles al servicio del gobierno y dedicados a actividades de defensa. Actualmente la mayor fuente de ingresos y de empleo en Hawaii lo constituye la defensa militar y ésto desde el 7 de Diciembre de 1941. El Gobierno Federal tiene un gasto superior a los $300 millones por año en esta zona.

El turismo y la producción de azúcar y de piña continúan siendo los tres factores no militares de mayor ingreso en el estado.

LECCION XXV – DIVERSOS

LA DECLARACION DE INDEPENDENCIA
ANTE EL CONGRESO, EL 4 DE JULIO DE 1776
LA DECLARACION UNANIME DE LOS TRECE ESTADOS DE AMERICA

Cuando en el curso de los acontecimientos humanos, se hace necesario que un pueblo desate las ligas políticas que lo han tenido unido a otro, y que asuma entre las potencias de la tierra la condición igual y separada a que le dan derecho las leyes de la Naturaleza y la Naturaleza de Dios, la decencia y el respeto a las opiniones de la humanidad requieren que se declaren las causas que los impelen a la separación.

Sostenemas que estas verdades son evidentes de por sí, que todos los hombres son creados iguales, que han sido dotados por su Creador con ciertos derechos inalienables, que entre éstos están la vida, la libertad y la búsqueda de la felicidad. Que para salvaguardar estos derechos, se instituyen los gobiernos entre los hombres, derivándose sus justos poderes del consentimiento de los gobernados — Que cuandoquiera que alguna forma de gobierno se convierte en instituir un nuevo gobierno, basando sus fundamentos en tales principios y organizando sus poderes en tal forma como a él le parezca más apropiada para lograr su seguridad y su felicidad. La prudencia, ciertamente, dicta que los gobiernos establecidos por largo tiempo ne deben cambiarse debido a causas ligeras y transitorias; y consecuentemente, toda la experiencia nos enseña que la humanidad está más portada al sufrimiento, mientras los males sean sufribles, que a corregirlos aboliendo las formas a que están acostumbrados. Pero cuando una larga cadena de abusos y de usurpaciones persiguiendo invariablemente el mismo objeto, revelan el propósito de someterlo bajo un despotismo absoluto, es no sólo su derecho, es su deber derrocar a ese gobierno y de proveer nuevos guardianes para su seguridad futura. — Así ha sido el sufrimiento paciente de estas Colonias; y tal es ahora la necesidad que los constriñe a alterar sus anteriores sistemas de gobierno. La historia del actual Rey de Gran Bretaña, es una historia de repetidas ofensas y usurpaciones, teniendo todas como objetivo directo, la imposición de una tiranía absoluta sobre estos estados . . .

(En este punto la Declaración enlista las quejas específicas de las Colonias contra el Rey de Inglaterra y concluye en la siguiente forma.)

POR CONSIGUIENTE, NOSOTROS, los Representantes de los Estados Unidos de América, en Asamblea del Congreso General, apelando al Juez Supremo del mundo por la rectitud de nuestras intenciones, en el nombre y con la autoridad de las gentes buenas de estas Colonias, solemnemente hacemos público y declaramos, Que estas Colonias Unidas, son por derecho y por derecho deben ser ESTADOS LIBRES E INDEPENDIENTES; que se les absuelve de toda lealtad a la Corona Británica, y que toda conexión política entre ellos y el Estado de Gran Bretaña, está y debe ser totalmente disuelto; y que como Estados libres e independientes, tienen todo el poder para hacer la guerra, firmar la paz, celebrar alianzas, establecer relaciones comerciales, y de llevar a cabo todos los demás actos y cosas que los Estados independientes tienen el derecho de hacer. Y en opoyo de esta Declaración, y con la firme confianza en la protección de la Divina Providencia, mutamente empeñamos nuestras vidas, nuestras fortunas y nuestro sagrado honor.

EL DISCURSO DE GETTYSBURG

Pronunciado por el Presidente Abraham Lincoln
en Gettysburg, Pennsylvania, el 19 de Noviembre de 1863.

Ochenta y siete años hace, que en este continente, nuestros padres dieron vida a una nueva nación, concebida para la libertad y dedicada al propósito de que todos los hombres son creados iguales.

Nos encontramos ahora envueltos en una gran guerra civil, que está probando si esta nación, o cualquier otra nación, concebida en la misma forma y para el mismo propósito, puede perdurar. Nos hemos reunido en un gran campo de batalla de esa guerra. Hemos venido a consagrar una parte de ese campo como lugar de descanso final de aquellos que aquí ofrendaron sus vidas para que esa nación pudiera vivir. Es del todo justo y apropiado que así lo hagamos.

Pero en un sentido mas amplio, no podemos dedicar — no podemos consagrar — no podemos santificar — esta tierra. Los hombres valientes, tanto los que viven como los que murieron, los que aquí lucharon, ya la han consagrado, muy por arriba de nuestra pobre capacidad de añadir o de disminuír. El mundo no prestará mucha atención, ni recordará por mucho tiempo lo que aquí decimos, pero nunca podrá olvidar lo que aquí fué hecho. Es más bien a nosotros, los que aún vivimos, a quienes nos toca dedicar nuestros esfuerzos a continuar la labor inconclusa, que los que aquí lucharon, iniciaron tan noblemente. Es más bien a nosotros a quienes estamos aquí dedicados a la realización de la gran tarea que tenemos ante nosotros — quienes debemos tomar de estos muertos honorables una devoción creciente hacia la causa a la cual ellos dieron toda su devoción — y que aquí formalmente tomemos la resolución de que los que aquí murieron no hayan muerto en vano de que esta nación, bajo la protección de Dios, tendrá un nuevo nacer a la libertad, — y que el gobierno del pueblo, por el pueblo y para el pueblo no perecerá en la tierra.

HECHOS IMPORTANTES DE INTERES GENERAL

1.   Una gran parte del dinero que se emplea para pagar los gastos del gobierno de los Estados Unidos proviene de derechos y de impuestos. Los

derechos son contribuciones aplicadas a productos importados tales como el té, café, especias y las sedas. Los impuestos son contribuciones aplicadas a cierto tipo de productos manufacturados en el país. Por ejemplo, el fabricante de una cajetilla de cigarros o de un barrilito de licor debe comprar una estampilla de impuesto o de la renta fiscal y pegarla al recipiente para que pueda vender su producto.

2. Quórum es un determinado número de personas de una organización, que es necesario para llevar a cabo una transacción legal, en un negocio.

3. Un subpoena es una notificación que se hace a una persona para que se presente ante la corte en calidad de testigo. El rehusarse a atender esta notificación está penado por la ley.

4. La Constitución de los Estados Unidos define lo que es traición en la forma siguiente: "Traición contra los Estados Unidos lo constituirá únicamente el hacer la guerra contra ellos, o en adherirse a sus enemigos, dándoles ayuda y protección".

5. Sobotaje es la destrucción maliciosa de la propiedad, como por ejemplo la destrucción de maquinaria para impedir la producción en una planta industrial.

6. La Ley de Derechos no garantiza una libertad *absoluta* de expresión de prensa o de reunión o de religión. Estos derechos se garantizan únicamente bajo la condición de que la práctica de los mismos no interfiera con los derechos de otros. Uno debe ser capaz de sostener lo que dice o lo que publica; las reuniones deben ser con fines pacíficos y leales; la práctica de la religión no debe interferir con la paz o con los privilegios de otros.

NOTAS